studio [21]

Das Deutschbuch
Deutsch als Fremdsprache

A2.1

von Hermann Funk
und Christina Kuhn

Übungen:
Laura Nielsen

Phonetik:
Beate Lex
sowie Beate Redecker

studio [21]
Das Deutschbuch A2.1
Deutsch als Fremdsprache

Herausgegeben von Hermann Funk
Im Auftrag des Verlages erarbeitet von
Hermann Funk und Christina Kuhn
Übungen: Laura Nielsen

In Zusammenarbeit mit der Redaktion:
Maria Funk, Laura Nielsen,
Katrin Kaup (Mitarbeit),
Gertrud Deutz (Projektleitung)

Phonetik: Beate Lex sowie Beate Redecker

Beratende Mitwirkung:
Sofia Koliaki (Athen)
Nelly Pasemann (Chicago)
Gertrud Pelzer (Mexiko)
Elena Shcherbinina (Moskau)
Ralf Weisser (Prag)
Priscilla M. Pessutti Nascimento (Sao Paolo)
Renato Ferreira de Silva (Sao Paolo)
Christine Becker (Stockholm)

Symbole

- Hörverstehensübung
- Aussprecheübung
- Übung zur Automatisierung
- Fokus auf Form, Verweis auf die Grammatikübersicht im Anhang
- 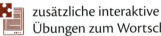 Portfoliotext
- Zielaufgabe

Zusatzmaterialien im E-Book

- Lernwortschatz
- zusätzliche interaktive Übungen zum Wortschatz
- zusätzliche interaktive Übungen zur Grammatik
- Videoclips – Sprechtraining

Illustrationen: Andrea Naumann, Andreas Terglane: S. 12, 19, 34, 41, 50, 53, 92, 99, 107, 120, 128, 130

Umschlaggestaltung, Layout und technische Umsetzung: Klein & Halm Grafikdesign, Berlin

Informationen zum Lehrwerksverbund **studio [21]** finden Sie unter www.cornelsen.de/studio21.

www.cornelsen.de

Die Links zu externen Webseiten Dritter, die in diesem Lehrwerk angegeben sind, wurden vor Drucklegung sorgfältig auf ihre Aktualität geprüft. Der Verlag übernimmt keine Gewähr für die Aktualität und den Inhalt dieser Seiten oder solcher, die mit ihnen verlinkt sind.

1. Auflage, 1. Druck 2014

Alle Drucke dieser Auflage sind inhaltlich unverändert und können im Unterricht nebeneinander verwendet werden.

© 2014 Cornelsen Schulverlag GmbH, Berlin

Das Werk und seine Teile sind urheberrechtlich geschützt.
Jede Nutzung in anderen als den gesetzlich zugelassenen Fällen bedarf
der vorherigen schriftlichen Einwilligung des Verlages.
Hinweis zu den §§ 46, 52 a UrhG: Weder das Werk noch seine Teile dürfen ohne eine solche Einwilligung eingescannt und in ein Netzwerk eingestellt oder sonst öffentlich zugänglich gemacht werden.
Dies gilt auch für Intranets von Schulen und sonstigen Bildungseinrichtungen.

Druck: Firmengruppe APPL, aprinta druck GmbH, Wemding

ISBN: 978-3-06-963598-7

PEFC zertifiziert
Dieses Produkt stammt aus nachhaltig bewirtschafteten Wäldern und kontrollierten Quellen.
www.pefc.de

Vorwort

Liebe Deutschlernende, liebe Deutschlehrende,

studio [21] – Das Deutschbuch richtet sich an Erwachsene ohne Deutsch-Vorkenntnisse, die im In- und Ausland Deutsch lernen. Es ist in drei Gesamtbänden bzw. in sechs Teilbänden erhältlich und führt zur Niveaustufe B1 des Gemeinsamen europäischen Referenzrahmens. **studio [21]** bietet ein umfassendes digitales Lehr- und Lernangebot, das im Kurs, unterwegs und zu Hause genutzt werden kann.

studio [21] – Das Deutschbuch A2.1 mit integriertem Übungsteil und eingelegtem E-Book enthält sechs Einheiten und zwei Stationen. Jede Einheit besteht aus acht Seiten für gemeinsames Lernen im Kursraum und acht Seiten Übungen zum Wiederholen und Festigen.

Jede Einheit beginnt mit einer emotional ansprechenden, großzügig bebilderten Doppelseite, die vielfältige Einblicke in den Alltag in D-A-CH vermittelt und zum themenbezogenen Sprechen anregt. Die Redemittel und die Wort-Bildleisten helfen dabei. Im E-Book können die Bilder in den Wort-Bildleisten vergrößert werden und die dazugehörigen Wörter sind vertont. Darüber hinaus kann der Lernwortschatz einer jeden Doppelseite angesehen werden.

Im Mittelpunkt der nächsten drei Doppelseiten stehen aktives Sprachhandeln und flüssiges Sprechen. In transparenten Lernsequenzen werden alle Fertigkeiten in sinnvollen Kontexten geübt, Grammatik in wohlüberlegten Portionen vermittelt, Phonetik und Aussprache integriert geübt sowie Wörter in Wortverbindungen gelernt. Zielaufgaben führen inhaltliche und sprachliche Aspekte einer Einheit jeweils zusammen.

Die Übungen eignen sich für das Weiterlernen zu Hause. Auf der letzten Seite jeder Einheit kann der Lernfortschritt selbstständig überprüft werden. Das E-Book enthält alle Übungen auch als interaktive Variante. Es bietet zusätzliche Videoclips zum Sprechtraining sowie interaktive Übungen zu Wortschatz und Grammatik.

Nach jeder dritten Einheit folgt eine optionale Station, in der das Gelernte wiederholt und erweitert wird. Hier werden Menschen mit interessanten Berufen vorgestellt und Übungen zum Video angeboten. Die beiden Magazinseiten mit anregenden Texten und Bildern laden zum Verweilen und Nachdenken ein.

Wir wünschen Ihnen viel Spaß und Erfolg beim Deutschlernen und Deutschunterricht mit **studio [21] – Das Deutschbuch!**

Inhalt

			Sprachhandlungen	Themen und Texte
8		**Start A2**	Sachtexte verstehen über Brücken sprechen Wiederholung: jmdn. vorstellen, Termine machen Landeskundequiz	Brücken in Europa Kurzporträt Termine und Verabredungen Landeskundequiz

| 14 | 1 | **Leben und lernen in Europa** | über Sprachen und Migration
    sprechen
über die eigene Biografie sprechen
Städte und Länder vergleichen
Gründe nennen
deutsche Wörter erkennen | Zeitungsartikel:
    Arbeitsmigration
Mehrsprachigkeit
Biografien
Rekorde
Das schönste deutsche Wort |

| 30 | 2 | **Familiengeschichten** | über die Familie sprechen
Fotos und Personen beschreiben
jmdn. beglückwünschen /
    jmdn. einladen
die eigene Meinung ausdrücken | Familiengeschichten
Verwandtschaft
Informationstext: Au-pair
Einladungen
Zeitungsartikel: Vermisst |

| 46 | 3 | **Unterwegs** | über eine Reise sprechen
Vermutungen äußern
Fahrpläne lesen
eine Reise planen und buchen
eine Zugfahrt organisieren | berufliche und private Reisen
Fahrpläne
Gedichte |

| 62 | | **Station 1** | Berufsbild: Übersetzer/in; Themen und Texte: Sprachmittlung; | |

| 70 | 4 | **Freizeit und Hobby** | über Hobbys und Interessen sprechen
positiv/negativ oder überrascht auf
    etwas reagieren
Emotionen ausdrücken und verstehen
über Vereine sprechen | Freizeitaktivitäten
Vereine
Forschungsnewsletter
Magazintext: Die Deutschen
    und ihre Vereine |

| 86 | 5 | **Medienwelt** | über Medien sprechen
eine Grafik verstehen und auswerten
kurze Mitteilungen schreiben
auf eine Reklamation reagieren | Medien im Alltag
Internetshopping
Statistik
Ratgebertext
Zeitungsanzeigen |

| 102 | 6 | **Ausgehen, Leute treffen** | Freizeit: sagen, worauf man Lust hat
eine Speisekarte lesen
etwas im Restaurant bestellen
über das Kennenlernen und über
    Kontakte sprechen | Speisekarte
Berufsbild Fachmann/-frau für
    Systemgastronomie |

| 118 | | **Station 2** | Berufsbild: Webdesigner/in; Themen und Texte: Internetseiten; | |

Wortfelder	Grammatik	Aussprache
Vorstellung Absagen	Wiederholung Grammatik A1	
internationale Wörter Tatsachen und Gründe Vergleiche	Nebensätze mit *weil* Komparativ Superlativ	deutsche Wörter erkennen Wortakzent in internationalen Wörtern
Familie Bildbeschreibung Personenbeschreibung seine Meinung sagen	Possessivartikel im Dativ Adjektive im Dativ Nebensätze mit *dass* Genitiv-*s*	Konsonanten: [b], [v], [m]
Reiseplanung Verkehr	Modalverb *sollen* Gegensätze: Hauptsätze mit *aber* verbinden Alternativen ausdrücken mit *oder*	s-Laute: [z], [s], [ts]

Wörter – Spiele – Training; Filmstation; Magazin

Wortfelder	Grammatik	Aussprache
Hobbys Sport	Reflexivpronomen Zeitadverbien: *zuerst, dann, danach* Verben mit Präpositionen Indefinita: *niemand, wenige, viele, alle*	Aussprache emotional markieren
Computer und Internet Handys und Nachrichten Reklamation	indirekte Fragen mit *ob* indirekte Fragen mit Fragewort Adjektive ohne Artikel im Nominativ und Akkusativ	Aussprache *h*
Ausgehen Gastronomie Kennenlernen	Personalpronomen im Dativ Relativsatz Relativpronomen im Nominativ und Akkusativ	Aussprache von Konsonantenhäufungen

Wörter – Spiele – Training; Filmstation; Magazin

Inhalt

		Sprachhandlungen	Themen und Texte
126	**7** Stadtluft und Landleben 	über Stadt- und Landleben sprechen Wohnungsanzeigen lesen und auswerten einen Umzug planen über Unfälle im Haushalt berichten	Stadtduft oder Landleben Wohnungssuche und Umzug Unfälle im Haushalt Wohnungsanzeigen Umzugscheckliste Gedicht *Das Ideal* Lied *Dorfkind*
142	**8** Kultur erleben 	über kulturelle Interessen sprechen eine Besichtigung planen einen Theaterbesuch organisieren über Vergangenes sprechen und schreiben	Kulturhauptstädte, Stadtrundgang - Weimar Musik und Literatur Städte früher - heute Interviews Stadtplan
158	**9** Arbeitswelten 	über Berufsbiografien und Berufswünsche sprechen Stellenanzeigen und einen Lebenslauf verstehen am Telefon: eine Nachricht hinterlassen höfliche Bitten	Ausbildung/Umschulung/ Jobsuche Hören und telefonieren am Arbeitsplatz Stellenanzeigen Lebenslauf Bewerbung
174	Station 3	Berufsbild Ergotherapeut/in;	
182	**10** Feste feiern 	über Feste und Bräuche sprechen über Geschenke sprechen Feste in D-A-C-H und anderen Ländern vergleichen	Feste im Jahreslauf Geschenke Ostern international Interviews
198	**11** Mit allen Sinnen 	Emotionen erkennen und Emotionen ausdrücken auf Emotionen reagieren über einen Film sprechen	Körpersprache Spielfilm *Erbsen auf halb sechs* Blindheit Filmbeschreibung Interview Redewendungen

214	**12** Erfindungen und Erfinder 	Beschreibungen von Produkten und Erfindungen verstehen
		mit Sachtexten arbeiten
		einen Zweck ausdrücken
		Vorgänge beschreiben
			Erfindungen und ihre
			   Geschichte
			Schokolade,
			   die süße Seite Österreichs
			Erfinderquiz
			Internetseite
			Rezept

230	Station 4	Berufsbild: Hotelkauffrau/Hotelkaufmann;	
240	Anhang	Partnerseiten; Modelltest; Grammatik; Verblisten;	

Wortfelder	Grammatik	Aussprache	
Landleben Wohnungssuche im Internet Erste Hilfe	Modalverben im Präteritum Nebensätze mit *als* Vergleiche mit *(genau)so wie*	der „sch"-Laut	
Kultur Beziehungen	Zeitadverbien: *damals, früher / heute, jetzt* Verben im Präteritum: *er lebte, ich arbeitete, es gab* Perfekt und Präteritum - gesprochene und geschriebene Sprache	Theaterintonation	
Arbeit	Sätze verbinden mit *denn - weil* das Verb *werden* Nominalisierungen: *wohnen - die Wohnung, lesen - das Lesen* Wünsche/Höflichkeit: *hätte, könnte*	„Zwielaute": z. B.: *ei, eu, au*	

Wörter – Spiele – Training; Filmstation; Magazin

Feste Weihnachten Ostern	Präpositionen mit Dativ Verben mit Dativ Verben mit Dativ- und Akkusativergänzung Bedingungen und Folgen: Nebensätze mit *wenn*	Konsonanten üben: „scharf flüstern"	
Emotionen Film	Indefinita: *einige, manche* Wechselpräpositionen Verben mit Akkusativ / Verben mit Dativ: *legen/liegen* Relationen: Genitiv verstehen Reflexiv: sich, *mit* + Dativ	emotionale Intonation Laute dehnen	
Produkte und Erfindungen Schokolade Produktion	Nebensätze mit *um ... zu ... + Infinitiv* Vorgänge beschreiben: Passiv mit *werden/wurden*	Akzent und Textgliederung	

Teilband A2.2

Wörter – Spiele – Training; Filmstation; Magazin

Phonetik; Hörtexte, alphabetische Wörterliste

Inhalt

Willkommen in A2

Hier lernen Sie
- Sachtexte verstehen
- über Brücken sprechen
- Wiederholung: jmdn. vorstellen, Termine machen
- Landeskundequiz

1 Brücken in Europa

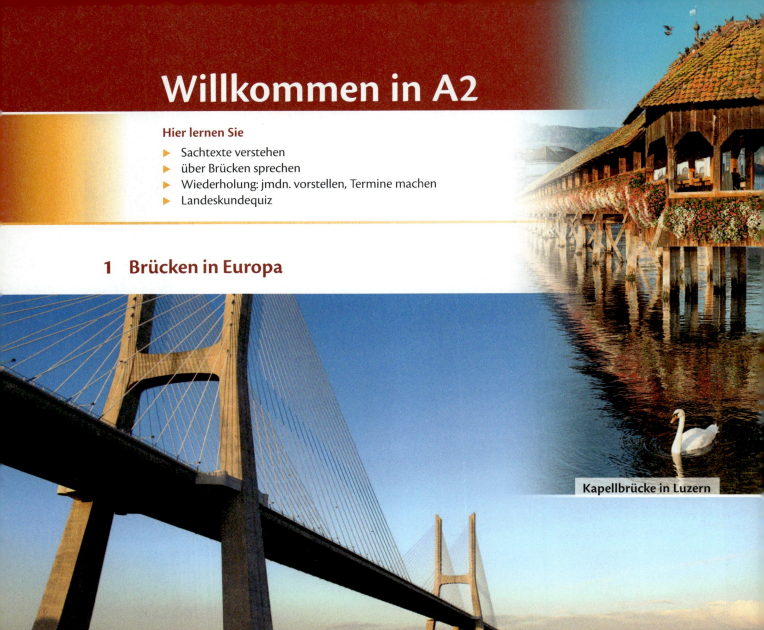

Kapellbrücke in Luzern

Die Vasco-da-Gama-Brücke über den Fluss Tejo ist seit 1998 die längste Brücke Europas. Über die 17,2 Kilometer lange Brücke bei Lissabon fahren jeden Tag über 100.000 Autos.

Vasco-da-Gama-Brücke

1 Über Brücken sprechen

a) Kennen Sie diese Brücken? Welche Brücken kennen Sie noch?

b) Lesen Sie die Sachtexte und beschreiben Sie die Brücken.

Redemittel

über Brücken sprechen

Die …brücke   … finde ich faszinierend.
              … gibt es seit 1973/…
              … ist aus Stahl/Holz/Stein.
              … ist … lang/hoch/breit.

Seit 3000 Jahren bauen Menschen Brücken aus Holz, aus Stein und aus Metall. Brücken verbinden Städte und Stadtteile, Länder und Kontinente, Menschen und Kulturen. Es gibt Straßenbrücken, Brücken für Fußgänger, wie z. B. die Kapellbrücke in Luzern, Bahnbrücken und Brücken für Wasser (Aquädukte). Berühmte Brücken gibt es auf der ganzen Welt: in Sydney, in San Francisco, in Prag und in London. Diese Brücken hier stehen in Europa.

8

acht

Bosporus-Brücke

Die Bosporus-Brücke in Istanbul verbindet eine Stadt auf zwei Kontinenten, Europa und Asien. Sie ist 1500 Meter lang. Die Straßenbrücke gibt es seit 1973. Sie ist eine Touristenattraktion. In der Nacht sieht sie besonders schön aus. Die Bosporus-Brücke verbindet den Osten und den Westen, die orientalische und die europäische Kultur.

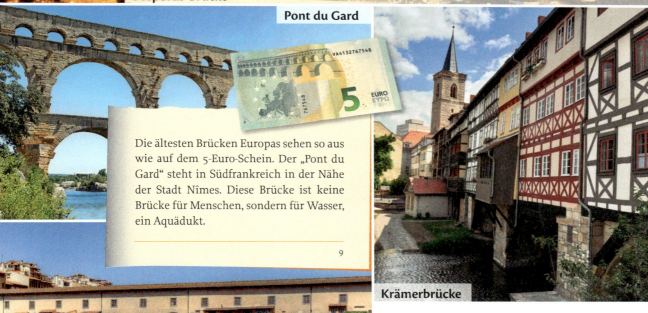

Pont du Gard

Die ältesten Brücken Europas sehen so aus wie auf dem 5-Euro-Schein. Der „Pont du Gard" steht in Südfrankreich in der Nähe der Stadt Nîmes. Diese Brücke ist keine Brücke für Menschen, sondern für Wasser, ein Aquädukt.

Krämerbrücke

Die Krämerbrücke steht in Erfurt. Die Original-Brücke war aus Holz. 1325 baute man eine Brücke aus Stein. Auf dieser Brücke stehen 32 Häuser. Brücken mit Häusern waren im Mittelalter normal. Heute gibt es in Europa nur noch wenige Brücken mit Häusern, z. B. die Krämerbrücke in Erfurt und der Ponte Vecchio in Florenz.

Ponte Vecchio

Willkommen in A2

2 Die Brücke von A1 zu A2

1 Die Kursteilnehmer kennenlernen und vorstellen

a) Ein Interview vorbereiten.
Zeichnen Sie einen Schattenriss von Ihrer Partnerin / Ihrem Partner.

b) Ein Interview führen.
Fragen Sie Ihre Partnerin / Ihren Partner und notieren Sie die Antworten.

Woher kommst du?

Wie …?

Welche …?

Was …?

c) Stellen Sie Ihre Partnerin / Ihren Partner vor.

Redemittel
Das ist …
Sie/Er kommt aus … und spricht …
Ihre/Seine Hobbys sind …
…

d) Sammeln Sie im Kurs und machen Sie ein Plakat: Herkunft, Spachen, Beruf, Hobbys.

Herkunft	Sprachen	Beruf	Hobbys
Ungarn	Portugiesisch		Fußball
England			

10 | zehn

2 Sich verabreden und Termine absagen

a) Hören Sie und kreuzen Sie an: Was sagt Nora?

☐ Oh, tut mir leid, Johann. Das habe ich völlig vergessen. Wir haben heute so viel Arbeit im Büro. Ich muss leider absagen.

☐ Tut mir leid, Johann. Ich habe die U-Bahn verpasst. Ich bin in 15 Minuten da.

Hallo Nora, wo bist du denn? Der Yoga-Kurs beginnt gleich. Ich warte schon eine halbe Stunde hier vor dem Studio.

☐ Entschuldigung. Ich hatte Besuch. Meine Mutter, weißt du? Ich schaffe es heute nicht. Können wir uns morgen treffen?

b) Lesen Sie die Sprechblasen und sammeln Sie Gründe für Verspätungen. Ergänzen Sie.

im Stau stehen

c) Spielen Sie zu zweit. Variieren Sie Gründe und Entschuldigungen.

3 Termine

a) Einen neuen Termin machen. Üben Sie die Dialoge zu zweit.

💬 Hallo Johann, hier ist Nora. Tut mir leid wegen gestern. Hast du diese Woche noch mal Zeit?
💬 Hallo Nora, na klar. Wollen wir uns am Donnerstagabend treffen?

💬 Donnerstag geht es bei mir leider nicht. Am Freitag vielleicht?
💬 Tut mir leid, Freitag bin ich in Dresden.
💬 Dann nächste Woche Montag?
💬 Ja, das passt, um 19 Uhr 30?
...

💬 Donnerstag um 18 Uhr?
💬 Hm. Geht es auch später?
💬 Ja, um Viertel nach acht? Vorher habe ich noch einen Spanisch-Kurs.
💬 Prima, das passt.
...

💬 Das geht leider nicht. Am Donnerstag kann ich nur nachmittags.
💬 Kein Problem. Das geht auch. Um 14 Uhr 30?
💬 Super, das passt gut.
...

b) Termine machen, absagen und Alternativen finden. Arbeiten Sie zu zweit mit dem Dialogmodell in a) und stellen Sie Ihren Dialog im Kurs vor.

der Arzttermin
Sie haben am Montag um acht Uhr einen Termin beim Arzt. Sie haben verschlafen. Sie rufen um 8 Uhr 15 an, entschuldigen sich und machen einen neuen Termin.

die Wohnungsbesichtigung
Sie lesen eine Wohnungsanzeige: „2 Zimmer, 30 qm, Innenstadt, 320 Euro Kaltmiete". Sie rufen an und machen einen Termin. Sie wollen die Wohnung besichtigen.

die Autowerkstatt
Ihr Auto ist kaputt. Der Motor läuft nicht mehr. Sie rufen in der Werkstatt an, Sie erklären das Problem und machen einen Termin.

3 Fit für A2

1 Situationen und Wendungen

a) Was passt zusammen?

> Was fehlt Ihnen denn? – Grüß Gott! – Zusammen oder getrennt? – Zahlen, bitte! – Entschuldigung, ich habe den Bus verpasst. – Mein Hals tut weh.

1. Sie sind mit einem Freund im Café und wollen bezahlen.

   Sie sagen: ....

   Der Kellner antwortet: ....

3. Sie sind beim Arzt.

   Der Arzt fragt: ....

   Sie antworten: ....

2. Sie sind in München und begrüßen Freunde: ....

4. Im Kurs. Sie kommen zu spät und sagen: ....

b) Üben Sie die Wendungen in Mini-Dialogen.

> Guten Tag, Frau Severin, was fehlt Ihnen denn?

> ...

2 Selbsttest: Grammatik-Wörter aus A1. Was gehört zusammen? Verbinden Sie.

Ich <u>muss</u> am Freitag arbeiten.	1	a	trennbare Verben
schön, schöner, am schönsten	2	b	Satzfrage
Ich <u>rufe</u> dich am Wochenende <u>an</u>.	3	c	Possessivartikel
Trinken Sie lieber Tee oder Kaffee?	4	d	Adjektive: Komparation
<u>Unsere</u> Wohnung ist zu klein.	5	e	Modalverb
Ich fahre <u>mit der</u> Straßenbahn <u>zur</u> Arbeit.	6	f	Perfekt
Er trägt einen <u>roten</u> Mantel.	7	g	Präpositionen mit Dativ
<u>Woher</u> kommst du?	8	h	Fragewort
Wo <u>hast</u> du <u>übernachtet</u>?	9	i	Imperativ
<u>Nimm</u> keine Tabletten! <u>Geh</u> zum Arzt!	10	j	Adjektiv im Akkusativ

3 Landeskundequiz. Lesen Sie und markieren Sie in jedem Abschnitt einen Fehler. Wie heißt es richtig?

Hier stimmt etwas nicht!
Wie gut kennen Sie Deutschland, Österreich und die Schweiz?

1. In Deutschland leben Studenten oft in einer Wohngemeinschaft (WG). Das heißt, ein Student wohnt in einer Wohnung und hat keine Mitbewohner.

2. In Österreich sagt man „Servus", in der Schweiz „Moin, moin" statt „Guten Tag". „Auf Wiedersehen" ist neutral.

3. Leipzig ist eine Stadt mit viel Tradition. Johann Sebastian Bach hat hier gearbeitet, Johann Wolfgang von Goethe ist in Leipzig geboren. Die Leipziger Universität ist mehr als 600 Jahre alt.

4. „Red Bull" ist ein bekannter „Energy Drink" aus der Schweiz. Die Firma ist auch ein bekannter Sponsor für den Motorsport. Sebastian Vettel war mit dem Red-Bull-Team 2010 und 2012 Weltmeister.

5. In Deutschland, Österreich und in der Schweiz isst man mittags gern kalt. Es gibt drei Hauptmahlzeiten: das Frühstück, das Mittag- und das Abendessen.

6. Die deutsche Fußballnationalmannschaft trägt blaue T-Shirts und schwarze Hosen.

7. Seit über 100 Jahren gibt es in Deutschland eine Krankenversicherung. Von der Krankenversicherung bekommt man eine Kreditkarte. Beim Arzt muss man sie zeigen.

8. Innsbruck liegt im Westen Österreichs, Weimar im Osten und Hamburg im Norden von Deutschland. Sylt ist eine Ostseeinsel. Der Kanton Genf liegt im Südwesten der Schweiz.

9. Berlin ist die Hauptstadt von Deutschland und es gibt viele Sehenswürdigkeiten. Zum Beispiel das Brandenburger Tor und das Schloss Bellevue. Dort ist der Sitz der Bundeskanzlerin.

10. Deutschland hat neun Nachbarländer: Dänemark, Polen, Frankreich, Belgien, die Niederlande, Italien, Österreich, die Schweiz und die Tschechische Republik.

1 Leben und lernen in Europa

Hier lernen Sie
- über Sprachen und Migration sprechen
- über die eigene Biografie sprechen
- Städte und Länder vergleichen
- Gründe nennen

„Die neuen Gast- arbeiter"

DER SPIEGEL 9/2013

Immer mehr Menschen in Südeuropa lernen Deutsch. Der Grund? Die Krise ist in diesen Ländern ein Problem, vor allem für junge Menschen. Mehr als 20 Prozent sind arbeitslos. Aber sie sind mobil und
5 die Flüge sind billig. Sie sehen ihre Job-Chancen oft in Deutschland. Sie verlassen Sevilla, Athen und Palermo und gehen nach Berlin, München oder Hannover. 2012 sind rund 30.000 Spanier nach Deutschland gekommen – und genauso viele Griechen, Italiener
10 und Ungarn. Das Nachrichtenmagazin DER SPIEGEL hat 2013 darüber berichtet und sie „Die neuen Gast- arbeiter" genannt.

38

1 Die neue Arbeitsmigration

1 Zum Arbeiten nach Deutschland

Ü1–3

a) **Überfliegen Sie die Texte aus dem Magazin und sammeln Sie Wörter zu Studium und Beruf in zwei Listen.**

b) **Lesen Sie die Aussagen über Carolina, Alice und Gabriella. Was passt zu wem?**

Carolina
Alice
Gabriella

... hat ein Semester in Spanien studiert.
... hat in der Schule Deutsch gelernt.
... fährt oft nach Deutschland und Österreich.
... hat in Spanien und Deutschland studiert.
... hat Deutsch immer Spaß gemacht.
... macht gerade ein Praktikum.
... hat viel auf Deutsch gelesen.

> Alice hat Deutsch immer Spaß gemacht.

vierzehn

14

Carolina López

Diesen SPIEGEL hat Carolina López im Regal. Sie war 2013 auf dem Titel. Carolina, 28, ist aus Spanien, aus Sevilla. Ihr Großvater war in den 1960er Jahren in Deutschland und hat in Korbach (Hessen) in einer Fabrik gearbeitet. Später ist er zurück nach Spanien gegangen. Carolina hat Marketing studiert und war im Studium schon ein paar Monate in Berlin. Sie findet die Stadt jünger und internationaler als spanische Städte und sehr modern. O. k., die Winter in Berlin sind viel kälter und länger als in Spanien und ihr Deutsch war am Anfang auch noch nicht so gut wie heute. Aber in Sevilla hatte sie nach dem Studium keine Chance auf einen Job. In der Krisenzeit gab es keine Arbeitsplätze für Marketing-Experten. In Berlin hat sie jetzt eine gute Arbeit und nette Kolleginnen und Kollegen. Hier leben auch viele Spanier. Carolina will jetzt in Deutschland bleiben.

Alice Bradová

Alice Bradová kommt aus Brno (Brünn), das ist in Tschechien. Sie hat als Kind einen Deutschkurs an der staatlichen Sprachschule besucht und später am Gymnasium weiter Deutsch gelernt, weil ihr Deutsch Spaß gemacht hat. Sie hat sich sehr für die deutsche Literatur interessiert und viel gelesen. Österreich war nicht weit, aber erst 1990 konnte sie öfter als früher dorthin reisen. Heute arbeitet sie in Prag für Henkel. Das ist ein deutscher Chemiekonzern. Henkel hat in Prag 250 Mitarbeiter. Die wichtigsten Kooperationspartner sind in Linz und in Düsseldorf. Alice Bradová reist oft für ihre Firma nach Österreich und nach Deutschland.

Gabriella Calderari

Gabriella Calderari ist 26 und Italienerin. Sie kommt aus Palermo, hat in Udine gelebt und in Bologna studiert. Sie war ERASMUS-Studentin. Das heißt, sie ist für ein Auslandssemester nach Spanien gegangen. Dort hat sie ihren deutschen Freund kennengelernt. Nach dem Studium ist sie nach München gezogen, weil ihr Freund dort studiert hat. Er macht gerade sein Examen. Gabriella war in Bologna schon in einem Deutschkurs, aber in München hat sie noch zwei Intensivkurse besucht. Jetzt macht sie gerade ein Praktikum bei einem Gericht. Sie findet Deutsch fantasiereicher und komplexer als Italienisch und sagt: „Deutsch ist eine Herausforderung, aber man hat auch schnell Erfolg, und das ist ein herrliches Gefühl!"

c) Hören Sie das Interview mit Gabriella. Notieren Sie neue Informationen.

Die Leute in Deutschland sind ....

d) Sprechen Sie über Carolina, Alice und Gabriella. Verwenden Sie die Wörter aus den Listen in a).

- Alice muss im Job sehr mobil sein.
- Gabriella macht ein Praktikum.
- Carolina hat Marketing studiert.

1 Leben und lernen in Europa

2 Ist Deutsch ein „Plus" oder ein „Muss"?

1 Gute Gründe für Deutsch – warum junge Menschen Deutsch lernen
1.04 Ü4–5

a) Lesen und hören Sie die Aussagen. Ordnen Sie die Personen den Gründen zu.

Ich hatte Deutsch in der Schule, aber ich habe nicht viel gelernt. Dann war ich als ERASMUS-Studentin ein Semester in Saarbrücken. Für das Studium dort ist Deutsch ein „Muss". Englisch aber auch. Ich möchte mein Studium in Deutschland abschließen und dann in Frankreich arbeiten.

Florence Chauvey, Frankreich

Marina Rajkova, Bulgarien

In China lernen die meisten Menschen Englisch, weil es wichtig für die Arbeit ist. Studieren in den USA oder England ist aber sehr teuer. Mein Traum ist ein Studienplatz in Europa. Ich lerne Deutsch, weil ich in Deutschland oder Österreich Maschinenbau oder Elektrotechnik studieren will.

Wei-Chen Chen, China

Vangelis Koukidis, Griechenland

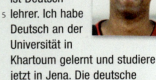

Ich komme aus dem Sudan. Mein Berufsziel ist Deutschlehrer. Ich habe Deutsch an der Universität in Khartoum gelernt und studiere jetzt in Jena. Die deutsche Sprache hat mich schon immer fasziniert. Deutschlernen ist jetzt in der arabischen Welt sehr populär.

Osama Mohammed Ali Elfadi, Sudan

Glauco Vaz Feijó, Brasilien

1. .... lernt Deutsch, weil sie/er in Deutschland studieren will.
2. .... studiert Deutsch, weil sie/er Deutschlehrer werden will.
3. .... lernt Deutsch, weil Deutschlernen Spaß macht und sie/er bei einer deutschen Firma arbeitet.
4. .... macht einen Deutschkurs, weil sie/er deutsche Literatur toll findet.
5. .... lernt Deutsch, weil sie/er später in einer deutschen Firma arbeiten möchte.
6. .... sagt: „Für ein Studium in Saarbrücken muss man Deutsch und Englisch sprechen."

b) Textverstehen prüfen. Setzen Sie die Informationen aus den Lese- und Hörtexten ein.

Es gibt viele Gründe, warum Menschen Deutsch lernen:

1. Glauco und Vangelis .... bei einer deutschen Firma.
2. Ein .... ist in Deutschland billiger als in England oder in den USA.
3. Florence war ein .... in Saarbrücken.
4. Wei-Chen Chen möchte gern in Europa ....
5. Osama hat Deutsch .... gelernt und liest gern deutsche ....
6. .... hat nicht viel Kontakt zu Deutschen, lernt aber gerne Deutsch.
7. .... wohnt nicht weit von Deutschland.
8. Florence braucht zwei Sprachen im Studium: .... und ....

1 Leben und lernen in Europa

2 Tatsachen und Gründe verbinden
Ü6

a) Was passt zusammen? Notieren Sie und vergleichen Sie im Kurs.

Was ich tue (Tatsache)	Warum ich es tue (Gründe)
Ich habe ...	... weil meine Frau Deutsche ist.
... Deutsch gelernt, ...	... weil meine Freundin gern tanzt.
... ein Taxi genommen, ...	... weil ich in Europa studieren will.
... eine Berlinreise gebucht, ...	... weil ich die Stadt sehr mag.
... einen Reiseführer gekauft, ...	... weil ich kein Auto habe.
... tanzen gelernt, ...	... weil ich in Österreich Ferien machen möchte.
	...

Ich habe Deutsch gelernt, weil meine Frau Deutsche ist.

b) Markieren Sie die Verben im Nebensatz mit weil.

3 Gründe nennen. Nebensätze mit weil. Lesen Sie die Sätze und ergänzen Sie die Regel.
Ü7

1. Ich habe tanzen gelernt, weil meine Frau gern tanzt.
2. Ich habe Gitarre spielen gelernt, weil ich gern Musik gemacht habe.
3. Ich habe Deutsch gelernt, weil ich in Berlin arbeiten will.

Regel
a Im Nebensatz steht das Verb ....
b Im Nebensatz mit Partizip steht das konjugierte Verb ....
c Im Nebensatz mit Modalverb (z. B. *wollen*) steht das Modalverb ....

4 Meine (Lern-)Biografie.
Ü8–9
Schreiben Sie einen kurzen Ich-Text.

Ich habe ... gelernt, weil ...
Ich habe ... studiert / als/bei ... gearbeitet

Landeskunde
Das **ERASMUS-Programm** der Europäischen Union (EU) existiert seit über 20 Jahren. Bis jetzt haben über 1,7 Millionen Studentinnen und Studenten im Programm ein Semester im europäischen Ausland studiert. Im Jahr 2011 waren es 230.000. Auf der Internetseite www.bmbf.de/de/23124.php gibt es Informationen zu Erasmus+. Viele Erasmus-Studentinnen und -Studenten kommen aus Spanien, Deutschland und Frankreich. Auf Platz vier liegt Italien. Manche sagen: ERASMUS ist auch eine große Heiratsagentur für Akademiker. Tatsache ist: Viele junge Leute lernen im ERASMUS-Semester ihren Lebenspartner kennen.

5 Über die eigene Biografie sprechen. Arbeiten Sie zu zweit. Fragen Sie und antworten Sie.

Redemittel
Ich habe Deutsch/Englisch/Spanisch/... gelernt, weil ...
... ein Praktikum gemacht. / ... einen Job gefunden.
... studiert/gearbeitet/geheiratet.

3 Mehrsprachigkeit oder Englisch für alle?

1 **Sprachen in Deutschland.** Sehen Sie die Bilder an. Sammeln Sie weitere Beispiele.

2 **Arbeitsmigration in Europa.** Lesen Sie. Wer war das? Wissen Sie, wann er gelebt hat?

Seine Muttersprache war Genuesisch, ein italienischer Dialekt. Er konnte Italienisch, und seine Briefe hat er auf Lateinisch geschrieben. Dann hat er eine Portugiesin geheiratet und Italienisch nicht mehr benutzt. Er hat neun Jahre in Lissabon gelebt. Seine Umgangssprache war jetzt Portugiesisch, aber seine Briefe waren auf Spanisch. Er konnte also zwei Sprachen sprechen und in zwei anderen Sprachen schreiben. In seinem Jahrhundert war das für viele Menschen ganz normal. Später hat er für den König von Spanien gearbeitet. Sein Schiff war die „Santa Maria". Mit drei Schiffen segelte er nach Westen. Heute tragen viele Straßen und Städte in Amerika seinen Namen.

Nach: Ivan Illich

3 **Ein Zitat und viele Meinungen.** Diskutieren Sie.

> Ich finde, man braucht nur Englisch.

> Die meisten Menschen haben Englisch gelernt. Deutsch ist ein Plus, weil man Vorteile im Beruf hat.

„Englisch ist ein *Muss*, Deutsch ist ein *Plus*."
Jutta Limbach, Präsidentin des Goethe-Instituts (2002–2008)

> Alle Menschen müssen mehr als eine Fremdsprache lernen.

> Zwei Fremdsprachen! Ich finde, das ist ein Muss!

1 Leben und lernen in Europa

4 Sprachen vergleichen. Was passt zu welcher Sprache? Was meinen Sie?

> Englisch – Chinesisch – Französisch – Deutsch – Russisch – Arabisch – Spanisch – …

1. .... ist eine Weltsprache.
2. .... lernen die meisten Menschen als erste Fremdsprache.
3. .... ist am Anfang leichter, aber später nicht mehr.
4. .... ist die Muttersprache der meisten Menschen in der Europäischen Union.
5. .... ist nützlich im Beruf.
6. .... ist in der Schule oft die zweite Fremdsprache.
7. .... ist nicht leichter und nicht schwerer als andere Sprachen.
8. .... lernen die meisten Menschen als Fremdsprache.

5 Internationale Wörter

a) Hören Sie. Wie viele Sprachen haben Sie gehört? Erkennen Sie die Wörter?

b) Hören Sie, notieren Sie die Wörter und markieren Sie die Akzente. Hören Sie noch einmal und sprechen Sie nach.

1. *das 'Radio*
2. ....
3. ....
4. ....
5. ....
6. ....
7. ....
8. ....
9. ....

6 Höher, schneller, weiter als …? Der Komparativ

a) Diese Komparative kennen Sie schon. Ergänzen Sie.

gern: .... viel: .... gut: ....

b) Fragen und antworten Sie im Kurs und berichten Sie.

Magst du	lieber	Tee Sommerferien moderne Musik	oder lieber	Kaffee? Winterferien? klassische Musik?
Isst du Trinkst du Hörst du Liest du	mehr	Pizza Cola Rock Zeitungen	als	Döner? Wasser? Bücher? Klassik?

Lieber …

Ich … mehr …

c) Sammeln Sie Komparative in den Texten auf Seite 14/15.

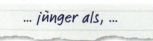
… jünger als, …

d) Markieren Sie die Komparative und ergänzen Sie die Regel.

Ist Englisch **leichter** als Deutsch?
Lernen Kinder schneller als Erwachsene?
Griechisch ist älter als Latein.
Die meisten Schüler im Englischunterricht sind jünger als 14.

Regel Komparativ: Adjektiv + Endung .... + *als*

Was ist schwerer, ein Kilo Blumen oder ein Kilo Metall?

1 Leben und lernen in Europa

4 Rekorde

1 Landeskundequiz
Ü11–13

a) Lesen Sie die Fragen und kreuzen Sie an.

1. Welcher deutsche See ist am größten?
   - a ☐ der Edersee
   - b ☐ die Müritz
   - c ☐ der Bodensee
   - d ☐ der Chiemsee

2. Welcher Zug ist am schnellsten?
   - a ☐ der französische TGV
   - b ☐ der japanische Shinkansen
   - c ☐ der deutsche ICE
   - d ☐ der britische Intercity

3. Welche Uhren gehen am genauesten?
   - a ☐ Atomuhren
   - b ☐ Digitaluhren
   - c ☐ Kuckucksuhren
   - d ☐ Schweizer Uhren

4. Welche Stadt in Deutschland liegt am nördlichsten?
   - a ☐ Hannover
   - b ☐ Rostock
   - c ☐ Flensburg
   - d ☐ Kiel

b) Schreiben Sie weitere Quizfragen im Kurs. Fragen Sie und antworten Sie.

Welche Stadt in … ist am größten?
Welcher Berg in … ist am höchsten?
Welcher Fluss in … ist am längsten?

c) Am höchsten, am größten … Markieren Sie die Superlative in a) und b).
12

2 Rekorde vergleichen. Welche Informationen passen? Ergänzen Sie.
Ü14–15

913 Kilo – 5 Meter 34 – 27 Meter – 100 englische Pfund – 2400 Kilo – 3 Minuten

WELT-REKORDE

Der **größte Hamburger** im Jahr 2012 kommt aus Carlton in Minnesota (USA). Er wiegt ...., auf dem Hamburger waren 22 Kilo Tomaten. **Das dickste Sandwich** war aber schwerer als der Hamburger. Das kommt auch aus den USA, aus Michigan. Es war .... schwer und .... hoch.

Das **teuerste Sandwich** kommt aus Buckinghamshire in England (2007) und kostet ....

Die **schnellste Nudelküche** gehört Fei Wang (2008). Er hat drei Portionen Nudeln in .... gemacht.

In Frankreich hat man 2002 das **längste Steak** serviert. Es war 25 Meter länger als die Kuh, nämlich .... lang. Wie ist das möglich?

3 Das schönste deutsche Wort

Ü16

Im Jahr 2004 hat das Goethe-Institut einen Wettbewerb organisiert: Was ist das schönste deutsche Wort? 12 000 Menschen haben mitgemacht und ihre Wörter geschickt. Die Zeitungen und das Fernsehen haben berichtet.

a) Lesen Sie die Beispiele und die Begründungen. Warum finden Menschen diese Wörter am schönsten?

rascheln
Mein schönstes deutsches Wort lautet *rascheln*, weil es geheimnisvoll, unheimlich und heimelig zugleich ist.
Clara Drechsler, Deutschland

Rhabarbermarmelade
Rhabarbermarmelade – was für ein Klang!
Frank Niedermeyer, Deutschland

Sternschnuppe
Mein schönstes deutsches Wort ist *Sternschnuppe*, weil man nach einer Sternschnuppe immer einen Wunsch frei hat.
Hildegard Breitenstein, Deutschland

Sommerregen
Ich finde, *Sommerregen* ist das schönste deutsche Wort, weil ich es gern lese und schreibe und weil ich den Geruch von Sommerregen mag: Er erinnert mich an den Sommer.
Isabell Schultze, Deutschland, 14 Jahre

Wirrwarr
Dieses Wort ist für mich das schönste deutsche Wort, weil es das Chaos auch in Sprache fasst.
Antje Jäschke, Deutschland

Quatsch
Weil sich das so anhört, als würde man wo drauftreten und das kommt an den Seiten wieder raus.
Tilman Strauch, Deutschland, 9 Jahre

Kichererbse
Mein schönstes deutsches Wort heißt *Kichererbse*, weil es einfach so lustig ist.
Karl Schneider, USA

verrückt
Ver-rückt – ist doch schön, wenn nicht alles gerade ist.
Raoul Ahrens, Deutschland

lieben
Lieben ist für mich das schönste deutsche Wort, weil es nur ein „i" vom Leben entfernt ist.
Gloria Bosch, Spanien

Pusteblume
Mein schönstes deutsches Wort lautet *Pusteblume*, weil es wunderschön und nach Sommer klingt und dazu einlädt, genau das zu tun, was der Name sagt, nämlich pusten.
Cordula Nossek, Deutschland

b) Und was ist für Sie das schönste deutsche Wort? Tragen Sie es in die Sprechblase ein und machen Sie eine Umfrage im Kurs.

1 Übungen

1 Studium und Beruf

a) Welche Situationen verbinden Sie mit dem Studium und welche mit dem Beruf? Tragen Sie A (Studium), B (Beruf) oder C (beide) ein.

b) Arbeit mit dem Wörterbuch. Ordnen Sie die Wörter zu.

☐ der Konzern ☐ die Krise ☐ der Kooperationspartner
☐ der Arbeitsplatz ☐ das Praktikum ☐ der Experte

a *Ort, an dem man arbeitet*

c *ein Teil der Ausbildung in einer Firma*

e *Fachmann für einen Beruf*

b *schwere Situation oder Zeit, z. B. für eine Person, ein Land oder eine Firma*

d *jmd., der mit anderen zusammenarbeitet*

f *verschiedene Firmen, die zusammen eine Verwaltung haben*

c) Ergänzen Sie die Sätze. Hören Sie dann und kontrollieren Sie.

1.02

Marketing-Studium – Auslandssemester – Examen – ERASMUS-Programm

1. Ein .... testet das Wissen, z. B. am Ende vom Studium oder von der Ausbildung.

2. Das .... ist ein Programm für Studenten. Sie können für ein oder zwei Semester im Ausland studieren und bekommen von der EU etwas Geld.

3. In Deutschland ist das .... sehr beliebt, viele Studenten interessieren sich für dieses Studium.

4. Viele Studenten machen in ihrem Studium ein .... Sie leben und studieren dann in einem anderen Land und lernen Sprachen.

d) Lesen Sie die Texte auf Seite 14/15 noch einmal und beantworten Sie die Fragen.

1. Wo ist der Arbeitsplatz von Carolina?
2. Wo hat Carolina ihr Auslandssemester verbracht?
3. Wo war Gabriella als ERASMUS-Studentin?
4. Wo hat Gabriella Deutsch gelernt?
5. Wo arbeitet Alice?
6. Was gefällt Alice an der deutschen Sprache?

2 Ankommen in Deutschland

a) Sehen Sie das Foto an. Was denken Sie: Warum fahren die Männer nach Deutschland? Kreuzen Sie an.

1. ☐ Die Männer haben zu Hause keine Arbeit.
2. ☐ Die Männer besuchen Freunde.
3. ☐ Die Männer lernen Deutsch.
4. ☐ Die Männer arbeiten in Deutschland.
5. ☐ Die Männer studieren in Deutschland.
6. ☐ Die Männer machen Urlaub in Deutschland.

b) Lesen Sie den Artikel und kontrollieren Sie Ihre Vermutungen aus a).

Die ersten Gastarbeiter in Deutschland

In den 1950er und 1960er Jahren sind viele Menschen aus dem Ausland nach Deutschland gekommen. Viele Fabriken haben Arbeiter gesucht. Die Arbeit war oft sehr schwer. Die meisten Arbeiter waren junge Männer aus Italien, Spanien, Griechenland und der Türkei. Sie sind nach Deutschland gekommen, weil in ihren Ländern die Arbeitslosigkeit sehr hoch war. Viele haben nur wenig Deutsch gesprochen. Das Ziel war: Geld für die Familie verdienen und dann zurückgehen. Aber viele Gastarbeiter sind in Deutschland geblieben und ihre Familien sind auch gekommen.

c) Vergleichen Sie die „alten Gastarbeiter" mit den „neuen Gastarbeitern". Lesen Sie die Texte auf Seite 14/15 noch einmal und ordnen Sie die Aussagen zu. Einige Aussagen passen in beide Spalten.

die Gastarbeiter der 1950er und 1960er Jahre	die „neuen Gastarbeiter"
....	....

1. Es kommen vor allem junge Männer nach Deutschland.
2. Sie verlassen ihre Länder, weil es dort eine hohe Arbeitslosigkeit gibt.
3. Sie arbeiten meistens in Fabriken.
4. Viele kommen aus Südeuropa.
5. Sie haben gute Deutschkenntnisse und eine gute Ausbildung oder ein gutes Studium.

3 Ein Interview mit Jannis. Was ist richtig? Hören Sie das Interview und kreuzen Sie an.

1.03

1. ☐ Jannis ist Krankenpfleger.
2. ☐ Jannis arbeitet in einem Krankenhaus in Dortmund.
3. ☐ Er hat ein ERASMUS-Semester in Köln gemacht.
4. ☐ Deutsch hat er in der Schule gelernt.
5. ☐ Jannis hat in Dortmund einen Intensivkurs gemacht.
6. ☐ Er findet die deutsche Grammatik gut.

1 Übungen Leben und lernen in Europa

4 Auma Obama: eine Biografie

a) Lesen Sie und schreiben Sie kurze Notizen zu der Biografie.

1960   geboren in Kenia

Auma Obama, geb. 1960, kommt aus Kenia. In der *Kenya High School* in Nairobi hat sie 1976 Deutsch gelernt. Sie hat ab 1980 in Saarbrücken und Heidelberg Germanistik studiert, weil sie sich sehr für deutsche Literatur und Geschichte interessiert. Sie mag die Schriftsteller Heinrich Böll und Christa Wolf.

1988 hat sie an der Universität in Nairobi und am Goethe-Institut Nairobi gearbeitet. Ein Jahr später ist sie zurück nach Deutschland gegangen. Sie hat in Bayreuth promoviert, an der Filmakademie in Berlin studiert und als Journalistin gearbeitet.

Seit 2006 lebt Auma Obama wieder in Kenia und arbeitet bei der Organisation *Care International* in Nairobi. 2008 hat sie ihrem Bruder Barack Obama bei der Präsidentenwahl geholfen. 2010 hat sie ihre Biografie „Das Leben kommt immer dazwischen. Stationen einer Reise" geschrieben. Sie hat immer noch viel Kontakt zu Deutschen und spricht sehr gut Deutsch.

– 64 –

b) Was ist richtig? Lesen Sie noch einmal und kreuzen Sie an.

1. Auma Obama hat Deutsch
   a ☐ in der Schule in Bayreuth gelernt.
   b ☐ in der Schule in Nairobi gelernt.
   c ☐ am Goethe-Institut in Nairobi gelernt.

2. Auma Obama ist
   a ☐ Germanistin und Journalistin.
   b ☐ Ärztin und Journalistin.
   c ☐ wie ihr Bruder Politikerin.

3. Auma Obama
   a ☐ interessiert sich für das deutsche Theater.
   b ☐ liebt deutsches Essen.
   c ☐ mag deutsche Literatur.

4. Auma Obama
   a ☐ spricht sehr gut Deutsch und Französisch.
   b ☐ kennt immer noch viele Deutsche.
   c ☐ liest immer noch gern auf Deutsch.

5 Flüssig sprechen. Hören Sie und sprechen Sie nach.
1.04

1. Deutsch gelernt. – Deutsch in der Schule gelernt. – Auma hat Deutsch in der Schule gelernt.
2. Germanistik studiert. – Germanistik in Saarbrücken und Heidelberg studiert. – Auma hat Germanistik in Saarbrücken und Heidelberg studiert.
3. als Journalistin gearbeitet. – in Deutschland als Journalistin gearbeitet. – Auma hat in Deutschland als Journalistin gearbeitet.
4. geholfen. – Barack Obama geholfen. – Auma hat Barack Obama geholfen.

6 Gründe für das Deutschlernen. Verbinden Sie.

Carolina lernt Deutsch, 1   a weil sie deutsche Literatur und Geschichte mag.
Alice hat Deutsch gelernt, 2   b weil Deutsch Spaß gemacht hat.
Gabriella lernt Deutsch, 3   c weil sie in Berlin lebt und arbeitet.
Auma hat Deutsch gelernt, 4   d weil ihr Freund ein Deutscher ist.
Florence lernt Deutsch, 5   e weil sie in Deutschland Examen machen will.

Leben und lernen in Europa **Übungen** | **1**

7 Gründe nennen

a) Verbinden Sie die Sätze mit *weil*.

1. Glauco kauft eine deutsche Grammatik. Er will den B1-Test machen.

   ....

2. Marina hat in der Schule viel Deutsch gelernt. Sie hatte jeden Tag Deutschunterricht.

   ....

3. Vangelis arbeitet in einem Verlag. Er liest gern.

   ....

4. Vangelis sieht seine Eltern häufig. Der Flug von Berlin nach Athen ist billig.

   ....

b) Lesen Sie die Texte auf Seite 16 noch einmal und beantworten Sie die Fragen.

1. Warum lernen viele Chinesen Englisch?
2. Warum lernt Florence Deutsch?
3. Warum lernt Osama Deutsch?

Viele Chinesen lernen Englisch, weil ...

8 Sprachen lernen in der Volkshochschule (VHS)

a) Lesen Sie das Interview mit Frau Heyse. Ergänzen Sie. Welche Fragen passen?

1. Wo haben Sie ein Praktikum gemacht?
2. Was und wo haben Sie studiert?
3. Warum lernen Sie Mandarin?
4. Welche Sprache war für Sie leicht?

Die Sprachenexpertin

Die Leiterin der VHS Osnabrück Juliane Heyse im Interview

Interview: Heiner Petersen

Frau Heyse, Sie sind seit drei Jahren die Leiterin der Volkshochschule in Osnabrück, welche Sprachen haben Sie gelernt?
Mein Vater kommt aus Schweden, in der Familie haben wir Deutsch und Schwedisch gesprochen. In der Schule habe ich Englisch, Latein und Französisch gelernt.

Dann waren Sie schon früh eine Sprachenexpertin!

.... 1

Ich habe mich schon immer sehr für Sprachen interessiert. Ich mochte Englisch, weil es für mich einfach war. Aber Französisch war schwer, vor allem die Grammatik. Latein war leicht, aber langweilig.

.... 2

Ich habe Schwedisch und Englisch in Kiel studiert. Nach dem Studium habe ich viele Jahre als Englischlehrerin in Schweden gearbeitet.

Und wann sind Sie zurück nach Deutschland gekommen?
Auf einer Reise habe ich meinen Mann Markus kennengelernt. Vor vier Jahren bin ich wieder nach Deutschland gezogen.

Was gefällt Ihnen an Ihrer Arbeit?
Ich liebe es, Sprachen zu lernen und zu unterrichten. Im Moment lerne ich in einem Kurs Mandarin, eine interessante Sprache! Meine Arbeit ist nie langweilig, das ist toll!

Vielen Dank für das Interview, Frau Heyse!

12

1 Übungen Leben und lernen in Europa

b) Lesen Sie das Interview aus a) noch einmal. Welche Aussagen sind falsch? Kreuzen Sie an und korrigieren Sie.

1. ☐ Frau Heyse arbeitet an einer internationalen Schule in Osnabrück.
2. ☐ Sie hat als Kind Deutsch und Dänisch gesprochen.
3. ☐ Die Leiterin der VHS interessiert sich für Sprachen.
4. ☐ Sie hat in Schweden und Dänemark als Deutschlehrerin gearbeitet.

c) Ergänzen Sie die Nebensätze mit *weil*.

1. Frau Heyse ist nach Deutschland zurückgegangen, weil ....
(Sie will mit Markus zusammenleben.)

2. Sie hat Englisch studiert, weil ....
(Sie mag die Sprache.)

3. Sie lernt Mandarin, weil ....
(Sie fährt im Sommer nach China.)

9 Ihre Sprachenbiografie. Beantworten Sie die Fragen aus dem Portfolio.

> **Europäisches Sprachenportfolio**
> **Sprachenbiografie**
>
> Familienname(n), Vorname(n): ....
>
> Muttersprache: .... Fremdsprache(n): ....
>
> 1. Welche Sprache(n) habe ich gelernt?
> 2. Wo und wie habe ich die Sprache(n) gelernt?
> 3. Welche Sprache(n) spreche ich oft?
> 4. In welcher Sprache träume ich?
> 5. In welcher Sprache lese ich Bücher und schaue ich Filme?
> 6. In welcher Sprache höre ich Musik?

10 Wortakzent in internationalen Wörtern

> der Intensivkurs – das E-Book – die Universität – das Radio – die Politik

a) Ordnen Sie die Wörter den Zeichnungen zu.

....

b) Ergänzen Sie die passenden Wörter. Hören Sie dann und kontrollieren Sie Ihre Lösungen.
1.05

1. Ich höre Musik mit dem .... oder mit dem Computer.

2. Ich studiere an der .... Bonn Wirtschaft und .... In zwei Monaten gehe ich für ein Auslandssemester nach Seoul. Ich mache einen .... Koreanisch.

3. Fremdsprachen lerne ich an der Volkshochschule. Ich lerne aber auch gern zu Hause mit dem ....

c) Hören Sie noch einmal, markieren Sie die Akzente in den internationalen Wörtern und sprechen Sie die Wörter schnell.

Leben und lernen in Europa Übungen 1

11 Textkaraoke. Hören Sie und sprechen Sie die 👄-Rolle im Dialog.

👂 ...
👄 Berlin ist größer als Paris. Aber London ist die größte Stadt in Europa.
👂 ...
👄 Die Donau ist länger als die Elbe.
👂 ...
👄 Das Matterhorn ist am höchsten.

12 Komparativ und Superlativ

a) Markieren Sie die Komparative und Superlative und schreiben Sie sie in die Tabelle.

b) Ergänzen Sie dann die Tabelle.

L	F	O	M	E	R	E	L	U	N	O	S
Ä	F	F	E	N	H	Ö	H	E	R	L	C
N	A	E	I	L	Ä	N	G	E	R	E	H
G	R	A	F	I	S	U	L	L	A	I	N
S	H	Ö	C	H	S	T	E	A	X	N	E
T	H	Ä	S	S	L	I	C	H	E	R	L
E	I	N	E	D	I	E	L	A	R	Z	L
N	E	N	E	O	C	N	V	I	E	L	E
Q	B	E	I	S	H	K	Ü	R	Z	E	R
K	Ü	R	Z	E	S	T	E	J	P	M	I
H	Ö	C	H	S	T	E	N	F	A	R	P
A	S	C	H	N	E	L	L	S	T	E	N

Grund-form	Kompa-rativ	Superlativ	
lang	länger	am längsten	der/das/die längste

13 Tierrekorde. Ergänzen Sie die passenden Adjektive im Komparativ und im Superlativ.

Das .... (schnell) Tier auf dem Land ist der Gepard. Er kann 110 km in der Stunde laufen. Der Wanderfalke ist aber noch .... (schnell). Er fliegt mit 350 km in der Stunde zur Erde.

Welcher ist der .... (groß) Fisch? Das ist der Walhai. Der Blauwal ist viel .... (groß), aber der Blauwal ist kein Fisch.

Der Hals von der Giraffe ist .... (lang) als der Hals vom Vogel Strauß. Aber der Vogel Strauß ist der .... (groß) und .... (schnell) Laufvogel auf der Erde.

1 Übungen Leben und lernen in Europa

14 Rekorde vergleichen. Lesen Sie die Rekorde in 2 auf Seite 20 noch einmal und ergänzen Sie die Sätze.

> länger – schwerer – leichter – teurer

1. Der größte Hamburger war .... als das dickste Sandwich.
2. Der größte Hamburger ist aber .... als andere Hamburger.
3. Das längste Steak ist .... als eine Kuh.
4. Das Sandwich aus Buckinghamshire ist .... als andere Sandwiches.

15 Sprache im Internet. Lesen Sie den Text und ergänzen Sie *als* und die Formen von *viel* und *wenig*.

> *Welche Sprachen findet man am meisten im Internet?*
> Mehr als jede zweite Webseite ist auf Englisch und Chinesisch. Die meisten Personen im Internet sprechen Englisch (26,8 %) und Chinesisch (24,2 %). Danach folgen die Sprachen Spanisch (7,8 %), Japanisch (4,7 %), Portugiesisch (3,9 %), Deutsch (3,6 %) und Arabisch (3,3 %). 3 % der Personen sprechen Französisch und Russisch. Koreanisch ist mit 2 % die „kleinste" der untersuchten Sprachen.

1. In keiner Sprache gibt es *mehr* Webseiten .... auf Englisch und Chinesisch.
2. Aber es gibt .... englischsprachige Personen im Internet .... chinesische.
3. Auf Portugiesisch gibt es .... Seiten .... auf Deutsch.
4. Man findet auf Arabisch .... Internetseiten .... auf Deutsch und auf Japanisch.

16 Worträtsel. Finden Sie die Wörter. Die schönsten deutschen Wörter auf Seite 21 helfen. Wie heißt das Lösungswort?

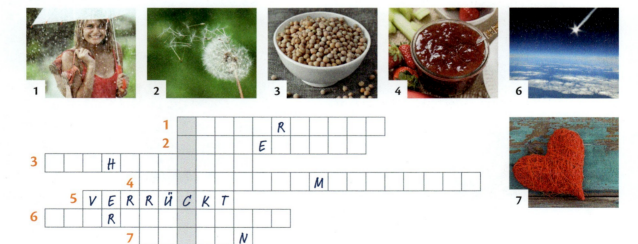

Lösungswort: ....

Leben und lernen in Europa **Übungen** | **1**

Fit für Einheit 2? Testen Sie sich!

Mit Sprache handeln

über Sprachen und Migration sprechen

Deutsch, ... sind nützlich für den Beruf.

Die Gastarbeiter verlassen ihre Länder, weil .... ▶ KB 1.1, 2.1

über die eigene Biografie sprechen und Gründe nennen

💬 Welche Sprache(n) haben Sie gelernt? 💬 ....

💬 Warum lernen Sie Deutsch? 💬 .... ▶ KB 2.1–2.5

Städte und Länder vergleichen

💬 Welcher deutsche See ist am größten? 💬 ....

💬 Welcher Zug ist schneller als der ICE? 💬 .... ▶ KB 4.1

Wortfelder

Studium (a) und Beruf (b)

☑a das Semester ☐ die Firma ☐ die Fabrik ☐ die Job-Chancen ☐ das Examen
☐ das ERASMUS-Programm ☐ der Arbeitsplatz ☐ die Mitarbeiter ▶ KB 1.1, 2.1

Sprachen und Lernen

die Muttersprache, ... ▶ KB 3.2–3.4

Grammatik

Nebensätze mit *weil*

Er hat Portugiesisch gelernt, **1**   **a** weil er gern liest.
Er hat Gitarre spielen gelernt, **2**   **b** weil er eine Portugiesin geheiratet hat.
Er hat ein Buch gekauft, **3**   **c** weil er gern Musik macht. ▶ KB 2.2, 2.3

Komparation mit *als*

💬 Was ist älter, Griechisch oder Latein? 💬 .... ▶ KB 3.6

Superlativ

💬 Welches Tier ist am schnellsten? 💬 ....

💬 Was ist für Sie das schönste deutsche Wort? 💬 .... ▶ KB 4.1, 4.2

Aussprache

Wortakzent in internationalen Wörtern

das ˈRadio, die ˈKamera, die Zigaˈrette, die Universiˈtät, die Poliˈtik, interesˈsant ▶ KB 3.5

2 Familiengeschichten

Hier lernen Sie
▶ über die Familie sprechen
▶ Fotos und Personen beschreiben
▶ jmdn. beglückwünschen / jmdn. einladen
▶ die eigene Meinung ausdrücken

1 Familie Saalfeld

1 Jacquelines Familie

a) Sehen Sie Foto 1 an und lesen Sie den Text. Wer ist Jacqueline?

Ich heiße Jacqueline Fischer-Saalfeld. Das Foto von unserer Familie haben wir letzten Sommer auf Vaters 60. Geburtstag gemacht. Auf dem Foto sitze ich mit meinem Sohn Lukas in der Mitte hinter meinem Schwager Marko und seinem Hund Rudi. Mein Vater Günther steht oben rechts. Daneben, das ist meine Mutter Marianne Saalfeld. Ihr Geburtsjahr ist 1959. Sie ist sechs
5 Jahre jünger als mein Vater. Meine Eltern wohnen jetzt in Potsdam. Sie sind sehr stolz auf ihre drei Enkelkinder und freuen sich immer über Besuch. Und die Enkel sind gerne bei Oma und Opa. Mein Bruder Matthias steht hinten in der Mitte neben meiner Mutter. Links hinten stehen meine Schwester Karina und ihr Mann Jan Kowalski. Karina ist zwei Jahre jünger als ich. Unten rechts sitzt meine Schwester Tonia mit ihrer Tochter.

b) Wer steht wo? Beschreiben Sie.

Matthias steht neben/hinter Marianne. Jan steht ...

dreißig

2 Über die Familie sprechen

a) Die Saalfelds. Hören Sie und ordnen Sie zu.

1.07
Ü1–2

Günther und Marianne	1	a	arbeitet bei einer Softwarefirma in Halle.
Jan	2	b	haben ein Haus mit Garten.
Jacqueline	3	c	wohnen in Leipzig.
Jan und Karina	4	d	interessiert sich für Oldtimer.
Matthias	5	e	wohnt mit Lukas in Berlin.

b) Alte Familienfotos. Sehen Sie die Fotos 2 und 3 an und hören Sie. Wie heißen die Personen? Was ist eine Zuckertüte und wann bekommt man sie?

1.08

3 Und Ihre Familie? Erzählen Sie.

Ü3

Redemittel

über die Familie sprechen

Ich habe	einen Mann / eine Frau / einen Partner / eine Partnerin. ein Kind /zwei/drei/keine Kinder. eine Tochter / zwei/… Töchter. einen Sohn / zwei/… Söhne. einen Bruder / zwei/… Brüder. eine Schwester / zwei/… Schwestern.
Ich lebe	bei meinen Eltern / mit meinem Partner / mit meiner Partnerin / allein.
Ich bin	Single/ledig/verheiratet/geschieden/verwitwet.

Ich habe keine Geschwister. Ich bin ein Einzelkind.

Mein Großvater lebt nicht mehr.

einunddreißig

2 Meine Verwandten

1 Familienwörter wiederholen
Ü4–7

a) Ergänzen Sie die fehlenden Wörter.

....	+	mein Vater	=	meine Eltern
meine Tochter	+	....	=	meine ....
meine Schwiegermutter	+	....	=	meine Schwiegereltern
....	+	mein Bruder	=	meine Geschwister

b) Wörter in Paaren lernen. Finden Sie noch mehr Beispiele?

> 👍 **Lerntipp**
>
> die Tante und der Onkel   die Nichte und der Neffe   die Cousine und der Cousin

2 s am Nomen. Wer gehört zu wem? Fragen und antworten Sie.
Ü8

1. Ist das die Tochter von Tonia?
2. Ist das der Hund von Marko?
3. Sind das Günthers und Mariannes Kinder?
4. Ist das die Frau von Marko?
5. Ist das der Schwiegersohn von Günther?

Ja, das ist Tonias Tochter.

3 Über Fotos sprechen. Zeigen Sie Fotos von Ihrer Familie. Fragen und antworten Sie.
Ü9

Redemittel	über Fotos sprechen	
	Wer ist das	daneben / vorn / da hinten? rechts/links / in der Mitte / hier?
	Das ist/sind	meine/unsere Urgroßeltern / meine/unsere Großeltern. mein/unser Großvater (Opa) / meine/unsere Großmutter (Oma). mein/unser Vater / meine/unsere Mutter/Eltern. mein Mann / meine Frau / meine/unsere Kinder.
	Vorn/Hinten / In der Mitte / Rechts/Links ist/sind	mein/unser Enkel / meine/unsere Enkelin/Enkelkinder. mein/unser Sohn / meine/unsere Tochter. mein/unser Bruder / meine/unsere Schwester. mein/unser Schwiegersohn / meine/unsere Schwiegertochter/Schwiegereltern. mein/unser Cousin / meine/unsere Cousine. mein/unser Onkel / meine/unsere Tante.

4 Mit meiner Mutter. Markieren Sie im Text auf Seite 30 die Possessivartikel im Dativ.

> Ich heiße Jacqueline Fischer-Saalfeld. Das Foto von unserer Familie haben wir letzten Sommer auf Vaters 60. Geburtstag gemacht. Auf dem Foto sitze ich mit **meinem** Sohn Lukas in der

5 Wie geht's denn ...? Fragen und antworten Sie.

Wie geht's denn | Ihrem/deinem | Vater/Bruder/Sohn?
| Ihrer/deiner | Mutter/Schwester/Tochter?
| Ihren/deinen | Eltern/Kindern/Geschwistern?

- Wie geht's denn deiner Mutter?
- Wie geht's denn Ihrem Vater?
- Danke, gut!
- Danke, es geht so.
- Leider nicht so gut!

6 Partnerinterviews. Fragen Sie Ihre Partnerin / Ihren Partner und berichten Sie.

Ü10–12

Mit wem gehen Sie ins Kino?
Mit wem machst du Sport?
Mit wem fährst du in den Urlaub?
Mit wem arbeiten Sie im Büro?

Chef/in
Kollege/Kollegin
Freundin
Familie
Bruder
...

- Am liebsten mit meiner Cousine.
- Meistens mit meinem Kollegen.

7 Familienrätsel. Wer ist das?

Es ist nicht mein Bruder,
es ist nicht meine Schwester, aber
es ist ein Kind von meinen Eltern.

Wer kann das sein?

Hm, das ...

8 Meine Familie und ich. Schreiben Sie einen Ich-Text.

Zu meiner Familie gehören ...
Ich habe ...
Meine Kinder/Tochter/Eltern / Mein Sohn ...
Ich bin ...
Seit ... lebe/wohne ich in ...
Meine Frau/Partnerin / Mein Mann/Partner ...

2 | Familiengeschichten

9 Eine Einladung

a) Wichtige Informationen in einer Einladung. Unterstreichen Sie und vergleichen Sie im Kurs.

Liebe Familie, liebe Freunde,
zu meinem 60. Geburtstag lade ich euch ganz herzlich ein.
Die Geburtstagsfeier findet in der Gaststätte „Stadt-Garten", Luisenstraße 13 statt.
Bitte kommt am 18. 08. ab 18 Uhr und bringt gute Laune mit!

Herzliche Grüße, euer Günther

---

b) Schreiben Sie eine Einladung zu Ihrem Geburtstag.

10 Was schenken Sie wem zum Geburtstag? Üben Sie.

		Personen	Geschenke
Was schenkst/ schenken/schenkt	du wir ihr	deinem Vater? deiner Oma? unseren Eltern? eurer Tante? ...	Ein Buch. Einen Blumenstrauß. Eine CD. Schokolade. Eine Reise. Ein Hemd. ...

Herzlichen Glückwunsch!

11 Lippentraining: [b], [m], [v]. Hören und üben Sie die Laute.

[b]

Büro – Bruder – Bild

In meinem Büro steht ein Bild von meinem Bruder.

meine – Mutter – mit – Maximilian – Mika

[m]

Hier ist meine Mutter mit Maximilian und Mika.

wem – wollen – Wochenende – wandern

[v]

Mit wem wollen wir am Wochenende wandern gehen?

Bratwurst – Brötchen / Weißwurst – Weißbrot – Weißbier

Mein Bruder mag Bratwurst mit Brötchen oder Weißwurst mit Weißbrot und Weißbier.

12 Was ist eine Familie für Sie? Sprechen Sie im Kurs.

1

2

3

3 Au-pair – Arbeiten und Fremdsprachen lernen in einer Familie

1 Eine Broschüre systematisch lesen
Ü17

a) Was macht ein Au-pair und wo arbeitet es? Vermuten Sie.

b) Markieren Sie die Zahlen in der Broschüre und sammeln Sie Informationen.

Als Au-pair arbeiten

Viele junge Menschen auf der ganzen Welt tun es. Sie fahren nach Brasilien, China, England oder in die USA. Sie kommen nach Deutschland, Österreich und in die Schweiz.
5 Sie lernen fremde Sprachen und Kulturen kennen. Und das Beste: Es kostet wenig und man bekommt sogar ein bisschen Geld. Das gibt's gar nicht? Doch! Es heißt Au-pair. In Deutschland gibt es etwa 30.000 Au-pairs,
10 in der Schweiz mehr als 15.000. Hier ein paar wichtige Informationen:

Was machen Au-pairs?

Sie wohnen in einer Familie. Sie singen, spielen und basteln mit den Kindern oder helfen bei den Hausaufgaben und sie räumen das Kinder-
15 zimmer auf. Aber auch Spülen, Staubsaugen, Bügeln und sonstige Hilfe bei der Hausarbeit kann zu ihren Aufgaben gehören. Die maximale Arbeitszeit beträgt 30 Stunden in der Woche inklusive Babysitting.

Was verdienen Au-pairs?

20 Die Familie bezahlt die Krankenversicherung und eine Unfallversicherung. Als Au-pair verdient man etwa 260 Euro Taschengeld im Monat und hat anderthalb Tage pro Woche frei. Die Au-pairs müssen die Sprache der Familie
25 sprechen und können einen Sprachkurs besuchen. Unterkunft und Verpflegung bei der Familie sind kostenlos. Sie bekommen ein Zimmer und vier Wochen Urlaub im Jahr. In der Schweiz verdient man als Au-pair
30 790 Franken Taschengeld und die Familie bezahlt die Hälfte vom Sprachkurs.

Wer kann als Au-pair arbeiten?

In Deutschland muss ein Au-pair zwischen 18 und 24 Jahre alt sein. Sie oder er darf ein Jahr bei der Familie bleiben. Die Reisekosten
35 muss man selbst bezahlen. Es gibt in Deutschland etwa 300 Au-pair-Agenturen, die Listen mit Familien haben und die Vermittlung übernehmen. Ein Trend ist „Au-pair 50plus" für Menschen über 50. Auch viele ältere Menschen
40 finden die Arbeit als Au-pair attraktiv.

Welche Probleme gibt es?

Manchmal passen die Au-pairs und die Familie nicht zusammen. Sie haben andere Ideen von Ordnung, Arbeit und Kindererziehung. Manche Familien wollen nur eine billige Arbeitskraft.
45 Manchmal gibt es Probleme mit der Sprache. Für viele Au-pairs ist es die erste Arbeit und der erste Aufenthalt im Ausland. Sie haben Heimweh oder fühlen sich nicht wohl in der Familie oder in dem Land.

– 12 –

c) Welche fünf Informationen sind für Sie wichtig? Vergleichen Sie im Kurs.

d) Kontakt mit einer Au-pair-Agentur. Welche Fragen kann man stellen? Sammeln Sie im Kurs.

4 Ein mysteriöser Fall

1 Einen Artikel lesen

a) Überfliegen Sie den Artikel aus der „Abendzeitung". Erklären Sie kurz: Wer ist Mari M.? Was ist passiert?

Au-pair vermisst!

Wer hat diese Frau gesehen? Mari M. (19) aus Georgien ist seit 6 Wochen Au-pair bei Familie Schirmer. Seit Montag, dem 23.4., vermisst sie die Familie. Mari M. ist weg. Sie hatte am Sonntag einen halben Tag frei und ist nicht zurückgekommen. Ihr Handy ist aus. Die Familie macht sich große Sorgen und hat am Mittwochmorgen die Polizei in Freiburg alarmiert. Herr Schirmer meint, dass sie mit einem weißen Fahrrad unterwegs ist. Er sagt, dass die Familie vor einem großen Rätsel steht. „Wir können uns das nicht erklären. Sie hat sich so wohl gefühlt bei uns!" Er sagt, dass Mari seit drei Wochen einen neuen Freund hat. Er studiert Informatik in Stuttgart und ist 20 Jahre alt. Herr Schirmer kennt aber seinen Namen nicht. Frau Schirmer berichtet, dass sie Mari mit ihrem neuen Freund letzten Sonntag in einem Café gesehen hat. „Sie haben sich an der Volkshochschule kennengelernt. Er unterrichtet dort einen Informatik-Kurs". Gestern hat die Polizei die Sprachkursteilnehmer in der Volkshochschule befragt und den Freund gefunden. Er hat gesagt, dass er sie auch seit einer Woche nicht gesehen hat. Mari ist groß, hat lange blonde Haare und trägt eine hellblaue Bluse und weiße Jeans. Frau Schirmer sagt: „Mari, bitte melde dich! Der kleine Jonas vermisst dich sehr!"

Mari M. (19) aus Georgien

b) Sammeln Sie Zeitangaben.

1. Seit wann vermisst die Familie Mari?
2. Wann hat die Familie die Polizei alarmiert?
3. Wann war Mari mit ihrem neuen Freund im Café?
4. Wann war die Polizei in der Volkshochschule?

c) Lesen Sie die Zeitungsmeldung und sammeln Sie Informationen über Mari.

Sie ist ... / Sie kommt aus ... / ... / Sie trägt ...

2 Textstellen finden
Ü18–19

a) Notieren Sie die Informationen aus dem Artikel.

1. Womit war Mari unterwegs?
2. Wie reagiert die Familie?
3. Mit wem war sie im Café?

 b) Ergänzen Sie die Regel.

Regel Adjektive im Dativ haben die Endung ....

c) Und in Ihrem Kurs? Fragen Sie.

Wer ist die Frau mit den langen Haaren? / ... der Mann mit der schwarzen Jeans? ...

Minimemo
der
mit einer schwarz**en** Hose
meiner

Familiengeschichten | 2

3 Meinungen
Ü20

a) Suchen Sie die Informationen in der Zeitungsmeldung und ergänzen Sie die Sätze.

1. Herr Schirmer meint, dass ....
2. Maris Freund sagt, dass ....
3. Frau Schirmer berichtet, dass ....

b) Markieren Sie die Verben in den *dass*-Sätzen.

 c) Ergänzen Sie die Regel.

> **Regel** Im Nebensatz mit *dass* steht das Verb ....

4 Eine Geschichte gemeinsam schreiben
Ü21

a) Arbeiten Sie in Gruppen. Wählen Sie eine Aufgabe aus und erfinden Sie eine Geschichte.

1. Beschreiben Sie Herrn Schirmer.
2. Beschreiben Sie Frau Schirmer.
3. Beschreiben Sie einen Tag bei den Schirmers zu Hause.
4. Beschreiben Sie Mari.
5. Beschreiben Sie Maris Freund.
6. Was sagen die anderen Kursteilnehmer über Mari?
7. Was macht die Polizei?
8. Wie geht die Geschichte weiter? Schreiben Sie ein Ende.

b) Tauschen Sie die Texte mit einer anderen Gruppe. Wie kann man die Texte noch verbessern (Adjektive, mehr Informationen, Sätze verbinden etc.)?

c) Lesen Sie die Geschichten im Kurs vor.

5 Ende gut – alles gut?
1.10

a) Hören Sie den Radiobericht und notieren Sie wichtige Informationen.

Au-pair aufgetaucht:
Mari M. meldet sich

b) Wer? Wann? Wo? Schreiben Sie eine Kurzmeldung mit den Informationen.

2 Übungen

1 Jacqueline erzählt

a) Lesen Sie den Text in 1 auf Seite 30 noch einmal. Notieren Sie Informationen zu den Personen.

NAME	Informationen
Jacqueline	Sie hat einen Sohn (Name: Lukas).
Marko	Er hat einen Hund (Name: …

b) Hören Sie die Beschreibung von Jacqueline in 2 a) auf Seite 31 noch einmal. Welche Informationen sind neu? Ergänzen Sie die Tabelle in a).
1.08

2 Wörterrätsel. Finden Sie die Wörter. Wie heißt das Lösungswort?

1. Marianne und Günther haben drei Enkelkinder. Sie sind die .... von Lukas.
2. Ein Mann und eine Frau heiraten. Das Fest heißt die ....
3. Jacqueline und ihr Ex-Mann leben nicht mehr zusammen. Sie sind ....
4. Jacqueline kümmert sich jetzt allein um ihren Sohn Lukas, sie ist *alleinerziehend* .
5. Karina und Jan sind Mann und Frau, sie sind ....
6. Jacqueline hat keinen Partner. Sie ist ....
7. Günther ist 60 Jahre alt. Er hat im August ....

```
1  G _ _ ß _
         2     C _ _ _
      3  E _ _ _  D _
4 A L L E I N E R Z I E H E N D
   5 V _ H _ _ A _
      6 _ _ G _
         7 E _ U _ _ A
```

Lösungswort: ....

3 Über die Familie sprechen. Lesen Sie und ergänzen Sie die passenden Antworten.

> Ja, mein Mann heißt David. – Nein, ich lebe mit meiner Partnerin zusammen. –
> Ja, ich habe zwei Söhne. – Keine, ich bin Einzelkind.

💬 Haben Sie Kinder? 💬 ....

💬 Wie viele Geschwister hast du? 💬 ....

💬 Sind Sie verheiratet? 💬 ....

💬 Wohnst du allein? 💬 ....

4 Meine Familie

1.09

a) Yasmina stellt ihre Familie vor. Hören Sie und ergänzen Sie die Namen und die Familienwörter wie im Beispiel.

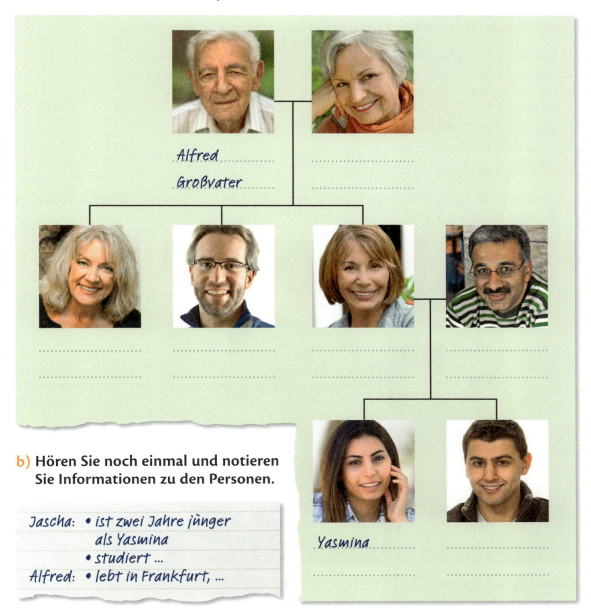

b) Hören Sie noch einmal und notieren Sie Informationen zu den Personen.

Jascha: • ist zwei Jahre jünger als Yasmina
• studiert ...
Alfred: • lebt in Frankfurt, ...

5 Alfreds Familie. Sie sind jetzt Alfred. Beschreiben Sie die Familie. Wie heißen die Familienwörter jetzt?

Das ist meine Familie. Meine Frau heißt Helga.

6 Verwandte. Wer ist das? Ergänzen Sie.

1. der Sohn von ihrer Tante: ihr ....
2. die Tochter von seinem Sohn: seine ....
3. die Eltern von meinem Mann: meine ....
4. die Tochter von unserer Schwester: unsere ....

2 | Übungen Familiengeschichten

7 Familienwörter – Wortfamilie. Kombinieren Sie.

die Großfamilie, die Familienfeier

Familie -n-
groß — Feier — Leben
klein — Foto — Treffen
Urlaub — Name

8 s am Nomen. Echo spielen. Formulieren Sie Sätze wie im Beispiel.

1. Das ist der Bruder von Yasmina.
2. Das ist die Mutter von Yasmina und Jascha.
3. Das ist der Mann von Sabine.
4. Das ist der Schwager von Wolfgang und Astrid.
5. Das sind die Enkelkinder von Alfred.

„Ach so, das ist Yasminas Bruder."

9 Über Fotos sprechen

a) Großmutter Gitta stellt ihre Familie vor. Sehen Sie das Foto an. Welche Aussage ist richtig? Kreuzen Sie an.

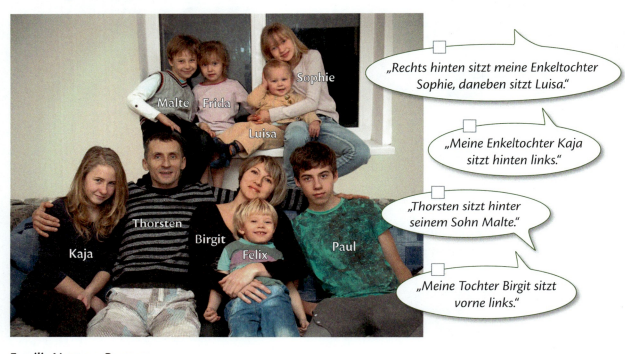

„Rechts hinten sitzt meine Enkeltochter Sophie, daneben sitzt Luisa."

„Meine Enkeltochter Kaja sitzt hinten links."

„Thorsten sitzt hinter seinem Sohn Malte."

„Meine Tochter Birgit sitzt vorne links."

Familie Vogt aus Bremen

b) Schreiben Sie weitere Sätze zu den Fotos. Die Redemittel auf Seite 32 helfen.

„Thorsten sitzt ..."

10 Textkaraoke. Hören Sie und sprechen Sie die 👄-Rolle im Dialog.
1.10

👂 ...
👄 Das ist Jens mit seiner Schwester und seinem Bruder.
👂 ...
👄 Das bin ich als Kind mit meinen Großeltern.
👂 ...
👄 Wieder besser, er ist jetzt mit meiner Großmutter und ihrem Hund im Urlaub.

11 Possessivartikel im Dativ

a) Lesen Sie die Sätze der 👄-Rolle in 10 auf Seite 40 noch einmal und markieren Sie die Possessivartikel im Dativ.

b) Ergänzen Sie die Tabelle mit den Possessivartikeln im Dativ.

		der Bruder / das Enkelkind	die Tante
Singular	ich	mein**em**	....
	du	dein**em**	....
	er/es	sein**em**	....
	sie	....	ihr**er**
Plural	wir	....	unser**er**
	ihr	eur**em**	eur**er**
	sie/Sie	....	ihr**er**/Ihr**er**
Plural (Nomen)		mein**en**/unser**en** Kinder**n**/Tante**n**/Cousins ...	

Artikel im Dativ
meinem/(k)einem
meiner/(k)einer

Dativ Plural
die Kinder →
mit den Kinder**n**

12 Fotos zeigen

a) Lesen Sie den Dialog und ordnen Sie die Fotos den Dialogabschnitten zu.

b) Ergänzen Sie die Possessivpronomen im Dativ.

☐ 1. 💬 Michael hat mir ein Fotobuch zum Geburtstag geschenkt, mit Fotos von früher. Willst du sie sehen?

　　💬 Ja, natürlich! Wer ist das? Bist du das mit .... Eltern?

　　💬 Ja, das bin ich mit .... Eltern und mit .... kleinen Schwester.

☐ 2. 💬 Du siehst süß aus. Und das Foto ist aus der Studentenzeit?

　　💬 Ja, genau. Das sind Michael und ich mit .... Freunden. Wir waren richtige Hippies. Michael und ich sitzen in der Mitte.

　　Rechts das ist Thomas mit .... coolen Sonnenbrille.

☐ 3. 💬 Und das ist auch wieder Michael?

　　💬 Ja, das ist Michael vor .... alten Schule. Er hatte ein

　　Treffen mit .... alten Schulfreunden.
　　Und dieses Foto ist auch in der Schule. Erkennst du sie?

☐ 4. 💬 Ja, natürlich, das ist eure Tochter Mirja mit .... Freund Georg. Und wer ist die Frau daneben?

　　💬 Das ist Mirja mit .... Lehrerin.

2 | Übungen Familiengeschichten

13 Einladungen

a) Lesen Sie die Einladungen und die Wünsche. Ordnen Sie die Wünsche den Einladungen zu.

Von: Thaumann, Nadja
Cc:
Betreff: Geburtstagsfeier

Hallo liebe Freundinnen und Freunde,
nächste Woche habe ich Geburtstag! Wenn das kein Grund zum Feiern ist!
Ich lade euch zu meiner Geburtstagsfeier am 26.08. ab 21 Uhr ein.
Es gibt Getränke und einen DJ.
Wir feiern im Theatercafé in der Wiesenstraße 53.
Ich freue mich auf euch!
Eure Nadja

Liebe Maja,
unser Haus ist endlich fertig!
Am Sonntag feiern wir unseren Einzug mit Familie und Freunden.
Ab 11 Uhr frühstücken wir bei uns in der Friedensallee 102.
Wir freuen uns auf dich!
Herzliche Grüße Franzi und Thomas

Einladung zu meiner **Taufe** *Lena*
am Sonntag, den 8. Juni 2014 um 10:00 Uhr in der Peterskirche in Wien

Wir heiraten
Andrea Fiedler und Rainer Sedlmayr
Am 23.10.2014 um 10 Uhr
im Standesamt München, Ruppertstraße 11
Wir bitten um Antwort bis zum 31.7.2014.

a Herzlichen Glückwunsch! Wir wünschen dir eine tolle Party!

b Ich wünsche euch viele glückliche Jahre zusammen!

c Alles Gute für eure Kleine!

d Danke für die Einladung! Viel Glück im neuen Haus!

b) Was schenken Sie zum Geburtstag, zur Taufe, zum Einzug, zur Hochzeit? Schreiben Sie.

> Ich schenke meinen Nachbarn zum Einzug Brot und Salz.

14 Einladungen schreiben

a) Lesen Sie den Zettel, markieren Sie weitere Sätze in den Einladungen in 13 a) und ergänzen Sie.

> **Begrüßung**
> Liebe Freunde – Sehr geehrte(r)
>
> **Einladung**
> Ich lade dich/euch zu meinem Geburtstag / meiner Party / … ein –
> Wir feiern am … um … in … – Ich freue mich auf dich/euch!
>
> **Verabschiedung**
> Mit freundlichen Grüßen – Viele Grüße – Liebe Grüße

b) Schreiben Sie auch eine Einladung.

42 zweiundvierzig

15 Lippenlaute [b], [m], [v]. Hören Sie und sprechen Sie nach.

1. Bea schenkt ihrem Bruder Bruno ein Buch und einen Blumenstrauß.
2. Ich schenke meinem Mann Martin immer Musik und Marmelade.
3. Werner schenkt Walter ein Wochenende in Wien.
4. Wohin willst du am Wochenende? Nach Warschau oder Wien, Madrid oder Moskau, Berlin oder Budapest?

16 Lebensformen in Deutschland

a) Hören Sie die drei Interviews und ergänzen Sie die Sätze.

1. Christine lebt als S............... .
2. Andy und Rafael leben z............... .
3. Karin und Uwe sind seit zehn Jahren v............... .

b) Was ist richtig? Hören Sie noch einmal und kreuzen Sie an.

1. ☐ Christine hat einen Partner.
2. ☐ Christine ist oft einsam.
3. ☐ Christine macht viel mit ihren Freunden.
4. ☐ Andy und Rafael wohnen zusammen, weil sie öfter zusammen sein wollen.
5. ☐ Die Nachbarn wissen, dass Andy und Rafael ein Paar sind.
6. ☐ Die Eltern denken, dass Andy und Rafael in einer Wohngemeinschaft leben.
7. ☐ Karin und Uwe sind jetzt geschieden.
8. ☐ Karin und Uwe haben zwei Töchter.
9. ☐ Karin und Uwe arbeiten beide.

17 Als Au-pair arbeiten

a) Lesen Sie den Text auf Seite 35 noch einmal. Welche Aussagen sind falsch? Kreuzen Sie an und korrigieren Sie.

1. ☐ Au-pairs helfen den Kindern und bei der Hausarbeit.
2. ☐ Au-pairs arbeiten 30 bis 40 Stunden in der Woche.
3. ☐ Sie verdienen mehr als 260 Euro im Monat, aber sie müssen die Krankenversicherung zahlen.
4. ☐ Au-pairs zahlen nicht für die Wohnung, das Essen und den Flug.
5. ☐ In der Schweiz ist der Sprachkurs für Au-Pairs kostenlos.
6. ☐ Die Au-pairs suchen eine Familie im Internet.
7. ☐ Es gibt manchmal Probleme, weil die Au-pairs nicht zur Familie passen.

b) Und Sie? Waren Sie Au-pair? Möchten Sie als Au-pair arbeiten? Was finden Sie interessant, langweilig, gut? Schreiben Sie einen kurzen Text.

> Ich finde die Arbeit sehr interessant, ich arbeite gern ...

> Nein, die Arbeit ist mir zu schwer. Kinder ...

> Ich war Au-pair in Chicago, das war eine schöne Zeit. Ich ...

2 | Übungen Familiengeschichten

18 Wo ist Mari? Beschreiben Sie Mari aus dem Artikel in 1 auf Seite 36. Schreiben Sie Sätze wie im Beispiel.

> *Mari ist eine junge Frau mit einem weißen Fahrrad.*

19 Katze vermisst. Lesen Sie den Aushang und ergänzen Sie die Adjektivendungen.

Wir suchen unsere Katze Luci.

Luci ist noch jung____¹, sie ist erst ein Jahr alt.

Luci ist eine groß____², schmal____³ Katze mit einer schwarz____⁴ Nase, einem grau____⁵ Fell und mit einem schwarz____⁶ Rücken.

Sie hat weiß____⁷ Pfoten und grün____⁸ Augen.

Bitte meldet euch! Familie Hilpert Tel: 0511 44628

20 Familie Hilpert und die Katze Luci

a) Hören Sie das Telefonat mit Frau Hilpert. Ordnen Sie zu.
1.13

Eine Woche lang	1	a	ist sie wieder normal.
Zwei Wochen lang	2	b	ist Luci zurückgekommen.
Vor zwei Tagen	3	c	hat sie lange geschlafen.
Heute	4	d	war Luci bei einer Frau.
Gestern	5	e	war Luci weg.

b) Schreiben Sie Sätze mit *dass*.

> *Frau Hilpert sagt, dass Luci eine Woche lang bei einer Frau war.*

21 Personen beschreiben. Sehen Sie das Bild an und beschreiben Sie die Personen wie im Beispiel.

Nasrin   Marcelo   Dominik   Marco   Diana

> *Der Mann mit dem weißen T-Shirt, das ist Dominik.*
> *Die Frau mit ...*

Fit für Einheit 3? Testen Sie sich!

Mit Sprache handeln

über die Familie sprechen

💬 Mit wem leben Sie zusammen? – 🗨 ....

💬 Haben Sie Geschwister? – 🗨 .... ▶ KB 1.3

Fotos und Personen zeigen und beschreiben

In der Mitte ist Jacqueline, ... ▶ KB 2.3

jmdn. beglückwünschen / jmdn. einladen

Begrüßung: ....

Einladung: .... ▶ KB 2.9

Wortfelder

Familie und Verwandte

Mutter und .... Cousin und .... Bruder und .... ▶ KB 2.1

Grammatik

Genitiv-s

Ist das der Bruder von Yasmina? Ja, ... ▶ KB 2.2

Possessivartikel im Dativ

Das ist Nadine mit .... Mann Simon. Das ist Simon als Kind mit .... Eltern.

Das bin ich mit .... Geschwistern, mit .... Bruder und .... Schwester. ▶ KB 2.4–2.6

Adjektive im Dativ (grau – blond – hellblau – schwarz)

Die junge Frau mit den .... Haaren und der .... Bluse heißt Mari.

Luci ist eine Katze mit einer .... Nase und einem .... Fell. ▶ KB 4.2

Nebensätze mit *dass*

Herr Schirmer meint, dass ....

Frau Schirmer sagt, dass .... ▶ KB 4.3

Aussprache

1.14

Konsonanten: Lippenlaute [b], [m], [v]

Beates Bruder Bernd bestellt beim Bäcker Brötchen.
Meine Mutter mag Marmelade.
Wolfgang will am Wochenende wandern. ▶ KB 2.11

3 Unterwegs

Hier lernen Sie
- über eine Reise sprechen
- Vermutungen äußern
- Fahrpläne lesen
- eine Reise planen und buchen
- eine Zugfahrt organisieren

1 Eine Reise machen

1 Im Koffer. Welche Gegenstände sehen Sie auf dem Foto, welche fehlen?

Ü1–2

der Autoschlüssel – das Tablet – die BahnCard – der Reisepass – der Stadtplan – die Sonnenbrille – der Messekatalog – die Postkarte – die Tabletten – der Koffer – der Reiseführer – die Fahrkarte – der Flyer – der Messeausweis – das Portemonnaie – der Kaugummi – das Geld – das Smartphone – die Kreditkarte – der Kuli – die Visitenkarten – die Kamera – die Rechnung – der Museumskatalog – die Uhr

> Ich sehe ein(e/n) ..., aber kein(e/n) ...

> Auf dem Foto gibt es ein Smartphone, aber kein(e/n) ...

2 Ein Mann und eine Frau auf Reisen.

Ü3 **Was sagt das Foto über die Personen? Äußern Sie Vermutungen.**

Wo waren sie?
Wer ist beruflich gereist?
Wer war privat unterwegs?
Was haben sie gemacht?
Welche Verkehrsmittel haben sie benutzt?

Redemittel

Vermutungen äußern

Ich denke, die Frau / der Mann ...
Ich denke, dass sie/er eine Geschäftsreise/ Urlaub gemacht hat.
Ich glaube, dass sie/er eine Messe/Konferenz in ... besucht hat / sich die Stadt angesehen / Verwandte/Freunde / ein Museum besucht hat.
Wahrscheinlich ist sie/er geflogen / mit ... gefahren/gereist.

sechsundvierzig

3 Über eine Reise sprechen

a) Hören Sie den Dialog und machen Sie Notizen. Wer? Wo? Was (Aktivitäten)?

b) Welche Vermutungen in 2 waren richtig?

4 Koffer packen. Was nehmen Sie auf Reisen mit?

immer – manchmal – selten – nie

Ich nehme immer mein Handy mit, aber keinen Computer.

… brauche ich nie.

Manchmal packe ich … ein.

der Kaugummi

das Portemonnaie

die Handcreme

der Regenschirm

3 Unterwegs

2 Eine Reise planen und buchen

1 Von Berlin nach Amsterdam. Informationen zu einer Reise verstehen

Ü6–7

a) Wann fährt der Zug in Berlin ab? Wann kommt er in Amsterdam an?

Ihre Reisedaten			
Details zur Hinfahrt			
Bahnhof/Haltestelle	Datum	Zeit	Produkte
Berlin Hbf	Fr, 23.08.2013	ab 06:49	ICE 644
Hannover Hbf	Fr, 23.08.2013	an 08:28	
Hannover Hbf	Fr, 23.08.2013	ab 08:40	IC 240
Amsterdam Centraal	Fr, 23.08.2013	an 12:59	

Details zur Rückfahrt			
Bahnhof/Haltestelle	Datum	Zeit	Produkte
Amsterdam Centraal	So, 25.08.2013	ab 13:01	IC 147
Hannover Hbf	So, 25.08.2013	an 17:18	
Hannover Hbf	So, 25.08.2013	ab 17:31	ICE 641
Berlin Hbf	So, 25.08.2013	an 19:07	

b) Ergänzen Sie den Dialog mit Informationen aus dem Fahrplan. Hören Sie dann und kontrollieren Sie.

1.12

○ Guten Tag. Ich hätte gern zwei Fahrkarten von Berlin Hauptbahnhof nach Amsterdam.
○ Hin und zurück?
○ Ja. Hin am 23. August, ab 6.30 Uhr und zurück am .... August, so gegen 13 Uhr.
○ Haben Sie eine BahnCard?
○ Ja, BahnCard 25, 2. Klasse. Hier, bitte.
○ Zahlen Sie bar oder mit Kreditkarte?
○ Mit Kreditkarte.
○ So, einen Moment – das ist Ihre Verbindung.
Sie fahren um .... Uhr ab Berlin Hauptbahnhof. In .... müssen Sie umsteigen, aber Sie haben .... Minuten Zeit. Der Zug fährt um .... Uhr in Hannover ab und ist um .... Uhr planmäßig in Amsterdam.

○ Ja, das ist gut. Und die Rückfahrt?
○ Die Rückfahrt geht auch über ....
Abfahrt in Amsterdam ist um .... Uhr.
Ankunft in Hannover dann um .... Uhr.
Sie haben .... Minuten Umsteigezeit.
Der Zug nach Berlin fährt um .... Uhr und kommt um .... Uhr in Berlin an.
Soll ich Sitzplätze reservieren?
○ Nein, danke. Was kosten denn die Fahrkarten?
○ 184,80 Euro pro Person. Soll ich die Verbindung ausdrucken?
○ Ja, bitte.
○ Hier, bitte schön und gute Reise.
○ Vielen Dank. Auf Wiedersehen.

> **Internettipp**
> Recherchieren Sie:
> Orte – Zeiten – Preise
> www.bahn.de

c) Üben Sie den Dialog: andere Zeiten, andere Orte.

2 Im Reisebüro einen Flug buchen

1.13

a) Hören Sie den Dialog. Notieren Sie Namen, Abflugzeiten und den Preis.

```
Herr/Frau ........................
Hinflug:  von ....................... am .......................
          um ............. Uhr
Rückflug: am .......................
          um ............. Uhr
Preis:    ..................... pro Person
```

b) Hören Sie noch einmal und vergleichen Sie mit Ihrer Partnerin / Ihrem Partner.

3 Unterwegs

3 Einen Fernbus buchen.
Ü8–9

Lesen Sie den Fahrplan. Wählen Sie eine Situation aus und buchen Sie die Reise im Call-Center.

1. Paar über 60 Jahre,
   Braunschweig – Rotterdam,
   einfache Fahrt,
   am Dienstag
2. Familie mit zwei Kindern (11 und 13 Jahre),
   Berlin – Amsterdam,
   hin und zurück,
   Freitag bis Sonntag
3. zwei Freunde (41 und 45 Jahre),
   Magdeburg – Den Haag,
   hin und zurück,
   vom 3. – 5. März

Landeskunde

Seit 2012 kann man innerhalb von Deutschland mit dem Fernbus reisen. Eine Busfahrt ist meist billiger als eine Fahrt mit der Bahn.

http://www.fernbus.de

BERLIN – HANNOVER – AMSTERDAM (Aktionspreise)

Linienverkehr der Bayern Express & P. Kühn Berlin GmbH, D-Berlin, der Eurolines Nederland bv., NL-Amsterdam und der Veolia Eurolines Polska Sp. zo.o., PL-Warschau

Fahrplan 1.11.2013–31.3.2014

	Tägl.[1]	Tägl.[1]
Berlin, ZOB am Funkturm	19.30	+9.15
Magdeburg, ZOB, Bussteig 7	21.30	+8.00
Braunschweig, ZOB am Hauptbahnhof	22.45	+6.45
Hannover, ZOB am Hauptbahnhof, Haltestelle 5C	23.45	+5.45
Arnheim, Hauptbahnhof, Eurolines-Haltestelle	+4.00	+1.00
Utrecht, C.S., Jaarbeursplein	+5.15	23.55
Amsterdam, Amstel Station, Eurolines-Haltestelle	+5.45	23.15
Den Haag, Hauptbahnhof, HTM / Connexxion busst.	+6.45	22.00
Rotterdam, Eurolines-Haltestelle, Weena	+7.30	21.30

[1]) nicht am 24.12. und 31.12.2013

Bei der Abreise in Amsterdam und Berlin bitten wir Sie, sich ca. 60 Minuten vor Abfahrt am Check-in-Schalter (in Berlin = Check-in am Bus) einzufinden.
Informationen zu den Verkehren ab und bis Dresden online oder im Reisebüro!
Zum Einsatz kommen u.a. Busse der eurolines Gruppe.
Zu Weihnachten und Silvester gelten voraussichtlich Sonderfahrpläne – Auskunft im Reisebüro und bei den Reservierungsstellen!

Fahrpreise in EUR zwischen ...		Einfache Fahrt			Hin- + Rückfahrt	
Code	Aktion	Normal-Tarif	Ermäß.-Tarife E1	E2	Normal-Tarif	Ermäß.-Tarife E1	E2
... Berlin (0010) und							
6840 Arnheim		60,–	54,–	30,–	108,–	87,–	54,–
6020 Utrecht		60,–	54,–	30,–	108,–	87,–	54,–
1760 Amsterdam	33,–	60,–	54,–	30,–	108,–	87,–	54,–
1770 Den Haag		65,–	58,–	32,–	116,–	105,–	58,–
1780 Rotterdam	33,–	65,–	58,–	32,–	116,–	105,–	58,–
... Magdeburg (0030) und							
6840 Arnheim		55,–	49,–	27,–	98,–	88,–	49,–
6020 Utrecht		55,–	49,–	27,–	98,–	88,–	49,–
1760 Amsterdam		55,–	49,–	27,–	98,–	88,–	49,–
1770 Den Haag		60,–	54,–	30,–	108,–	97,–	54,–
1780 Rotterdam		60,–	54,–	30,–	108,–	97,–	54,–
... Braunschweig (0550), Hannover (0370) und							
6840 Arnheim		43,–	39,–	22,–	77,–	69,–	39,–
6020 Utrecht		43,–	39,–	22,–	77,–	69,–	39,–
1760 Amsterdam		43,–	39,–	22,–	77,–	69,–	39,–
1770 Den Haag		49,–	44,–	25,–	85,–	77,–	43,–
1780 Rotterdam		49,–	44,–	25,–	85,–	77,–	43,–

Saisonzuschlag vom 14.12.2013–5.1.2014:
EUR 3,– Einfache Fahrt, EUR 6,– Hin- und Rückfahrt.
Ermäßigungs-Tarif E1: Für Reisende von 13 bis einschließlich 26 Jahre, Studenten und für Fahrgäste ab 60 Jahre (Tarif TEA). Ermäßigungs-Tarif E2: Für Kinder von 4 bis einschließlich 12 Jahre (Tarif TJ1). Ermäßigungs-Tarif für Kinder bis einschließlich 3 Jahre auf Anfrage.
Gepäck: Die Mitnahme von Reisegepäck ist auf 2 Gepäckstücke begrenzt.

Informationen ☎ 0 30 / 33 84 48 0

Fahrkarten von ... nach ... für Erwachsene/Kinder/Studenten/Senioren →	
	← einfach / hin und zurück?
einfach / hin und zurück →	
	← wann ...?
Hinfahrt am ..., Rückfahrt am ... →	
	Hinfahrt von ... um ... Uhr, über ... und ..., Ankunft in ... um ... Uhr
	← Rückfahrt ab ... um ... Uhr, in ... um ... Uhr.
Preis →	
	... pro Person / Kinder ... / Studenten ...

Redemittel: eine Reise buchen

Ich hätte gern einen Flug / zwei Fahrkarten / drei Fahrscheine nach ...
Eine Fahrkarte nach ... / einfache Fahrt / hin und zurück, bitte.
Wann ist der Rückflug? / Ist das ein Direktflug?
Wann fährt der Zug/Bus ab? / Wann kommt der Zug/Bus an?
(Wo) Muss ich umsteigen? / Ich möchte eine Reservierung, bitte.
Wie teuer ist das Ticket? / Kann ich mit Kreditkarte zahlen?
Können Sie mir die Verbindung(en) ausdrucken?

3 Unterwegs

4 Reisewörter. Was passt? Notieren Sie. Es gibt mehrere Möglichkeiten.

Ü10

einen Flug
eine Verbindung   kaufen
einen Sitzplatz   reservieren
Fahrkarten   buchen
eine Reise   ausdrucken
eine Hin- und Rückfahrt
einen Fahrplan

*einen Flug buchen,
einen Flug ...*

5 Reisepläne vergleichen. Beantworten Sie die Fragen mit den Informationen aus den Aufgaben 1–3.

  Ü11

1. Was ist teurer: Bus oder Bahn?
2. Welche Reise dauert länger: Flug oder Bahn?
3. Bei welcher Reise muss man umsteigen?
4. Und womit reisen sie am liebsten? Warum?

Der Zug ist teurer, aber schneller.

6 Einen Fahrplan lesen. Fragen und antworten Sie.

Ü12

Gibt es einen Zug nach Dortmund?

Wann fährt die S-Bahn nach Deisenhofen?

Von welchem Gleis fährt der Zug nach Bayrischzell ab?

Wann fährt der nächste Zug nach Berlin?

7 S-Laute: [z], [s] und [ts]. Hören Sie und sprechen Sie nach. Ergänzen Sie die Regel.

 1.14 Ü13

stimmhaftes [z]
die Reise – reservieren – in Süddeutschland – nach Salzburg – lesen – eine Person – Sankt Gallen

stimmloses [s]
erste Klasse – aussteigen – die Straße – der Bus – der Kuss – die Autos – der Fußweg

[ts]
die Zeit – bar zahlen – rechts – eine Platzkarte – der Zug – die Notiz – zwei Tickets – nach Luzern – ganz weit – ein Sitzplatz

> **Regel** Stimmhaftes [z] schreibt man ....
>
> Stimmloses [s] schreibt man .... oder .... oder auch ....
>
> [ts] schreibt man .... oder .... oder auch ....

8 Achten Sie auf [z], [s], [ts]. Hören Sie und sprechen Sie nach.

 1.15

3 Unterwegs mit dem Zug

1 Wer soll was mitbringen?

a) Was ist richtig? Lesen Sie und kreuzen Sie an.

Hallo Tommy,

schönen Gruß von Jan. Du sollst ihn heute bitte vor 18 Uhr noch einmal anrufen und die Fahrkarten ausdrucken.

Viele Grüße, Ina

1. ☐ Tommy hat Jan angerufen.
2. ☐ Ina hat Tommy angerufen.
3. ☐ Jan will, dass Tommy die Fahrkarten ausdruckt.
4. ☐ Tommy kann nicht vor 18 Uhr anrufen.
5. ☐ Ina hat die Nachricht von Jan für Tommy notiert.

b) Was bedeutet *sollen* hier? Kreuzen Sie an.

1. ☐ Jemand möchte, dass Sie etwas tun.
2. ☐ Jemand muss etwas tun.
3. ☐ Jemand will etwas nicht tun.

2 Sprachschatten. Spielen Sie im Kurs.

💬 Bring bitte Musik mit.
👂 Wie bitte?
💬 Du sollst Musik mitbringen!
💬 Bring bitte Brötchen/Brezeln mit.
   Bring bitte Kekse mit.
   Bring bitte Zeitungen mit.
👂 …

3 Im ICE. Hören und lesen Sie den Dialog. Warum ärgert sich der Mann?

💬 Guten Tag, ich hätte gern einen Kaffee, bitte.
👂 Kaffee, Cappuccino, Latte Macchiato oder Espresso?
💬 Hmm, Kaffee, bitte.
👂 Normal oder koffeinfrei?
💬 Normal, danke.
👂 Große Tasse oder kleine Tasse?
💬 Groß.
👂 Mit oder ohne Milch?
💬 Mit Milch und Zucker, bitte.
👂 Zucker oder Süßstoff?
💬 Nein danke, ich möchte Zucker.
👂 Möchten Sie gleich zahlen oder erst später?
💬 Lieber sofort.
👂 Bar oder mit Karte?
💬 Sagen Sie, ist das hier ein Café oder eine Quizshow?

4 Einen Sketch schreiben. Schreiben Sie einen *oder*-Sketch und spielen Sie.

💬 Ich möchte einen Urlaub buchen.
👂 In die Berge oder ans Meer?
💬 …

Hose kaufen: schwarz oder blau?

Wohnung suchen: mit oder ohne Balkon?

4 Gute Fahrt!

1 S-Bahn-Impressionen
Ü16

a) Sehen Sie das Foto an. Was sehen Sie? Was denken Sie? Vergleichen Sie im Kurs.

b) Hören und lesen Sie den Text laut. Wie finden Sie ihn: schön, interessant, traurig, …?
1.17

Bewegung und Stillstand

Kommt man mit der S-Bahn von Mahlsdorf über Kaulsdorf und Biesdorf nach Friedrichsfelde Ost, sieht man zwischen Biesdorf und Friedrichsfelde Ost links immer diese Neubauten, aus deren hunderten Fenstern man die S-Bahn zwischen Biesdorf und Friedrichsfelde Ost vor sich sieht.

Elke Erb

2 Eine Zugfahrt beschreiben.
Fahren Sie auch manchmal mit der S-Bahn/U-Bahn oder mit dem Zug? Was sehen Sie auf Ihrer Fahrt? Erzählen Sie.

- *Jeden Morgen fahre ich mit … an … vorbei.*
- *Ich schaue nicht aus dem Fenster, ich …*
- *Auf dem Weg gibt es …*

3 Reisegedichte
1.18

a) Hören Sie die Gedichte. Wie reisen die Tiere?

Schwierige Entscheidung
Ein Maulwurf und zwei Meisen
beschlossen zu verreisen
nach Salzburg oder Gießen.
Ob sie dabei zu Fuß gehen sollen
oder aber fliegen wollen –
das müssen sie noch beschließen!
Paul Maar

Die Ameisen
In Hamburg lebten zwei Ameisen,
die wollten nach Australien reisen.
Bei Altona auf der Chaussee
da taten ihnen die Beine weh
und da verzichteten sie weise
dann auf den letzten Teil der Reise.
Joachim Ringelnatz

b) Lesen Sie ein Gedicht vor. Achten Sie auf [z], [s] und [ts].

4 Reisen und Ankommen. Wählen Sie ein Foto aus und schreiben Sie einen Text.
Ü17

Wer sind die Menschen?   Auf wen warten sie?
Was machen sie? Was lesen sie? Mit wem sprechen sie?
Was haben sie vor?   Wohin reisen sie?

3 Übungen

1 Auf Reisen

a) Was ist im Rucksack? Schreiben Sie.

1. ....
2. ....
3. das Portemonnaie
4. ....
5. ....
6. ....

b) Welche Gegenstände aus 1 von Seite 46 fehlen? Schreiben Sie.

Im Rucksack gibt es keinen Kuli, kein ....

2 Wortfeld Reisen

a) Finden Sie 13 Wörter und markieren Sie sie.

A	R	B	P	B	U	T	O	P	G	H	A	P	E	N
N	E	A	O	L	X	B	U	C	H	D	I	O	N	T
A	I	T	R	E	I	M	F	O	R	S	E	S	E	R
B	S	U	T	R	V	U	K	M	J	T	W	T	F	O
R	E	L	E	I	I	S	A	P	E	A	L	K	Z	F
E	P	P	M	E	S	I	L	U	K	D	R	A	U	L
I	A	V	O	S	I	N	E	T	E	T	A	R	L	U
W	S	M	N	U	T	S	O	E	R	P	N	T	J	G
O	S	O	N	N	E	N	B	R	I	L	L	E	I	T
L	O	R	A	O	N	A	L	Q	T	A	O	U	R	I
K	U	L	I	C	K	R	E	H	A	N	D	Y	N	C
A	U	R	E	H	A	L	Y	W	E	I	G	E	L	K
U	N	T	S	K	R	E	D	I	T	K	A	R	T	E
L	E	A	T	A	T	K	I	S	I	O	E	W	Z	T
S	I	H	O	T	E	L	Z	I	M	M	E	R	E	N

b) Ergänzen Sie die Sätze mit den Wörtern aus a).

1. Entschuldigung, kann ich im Flugzeug meinen *Computer* benutzen?
2. Vergiss das .... und deinen .... nicht, oder du kannst nicht fliegen!
3. Wie schön! Im Urlaub kann ich ein .... lesen!
4. 💬 Wo ist denn die Kantstraße? 🔊 Hier in der Nähe. Hast du keinen .... ?
5. Du fliegst nach Italien? Vergiss deine .... nicht! Dort ist tolles Wetter!
6. Bitte schreib mir eine .... aus dem Urlaub.

7. ☺ Haben Sie schon ein .... für mich reserviert?
   ☻ Ja, natürlich, im Hotel Adlon in Berlin.

8. Bei meiner Reise in die Schweiz nehme ich zwei .... mit: eins für Schweizer Franken und eins für Euro.

9. ☺ Können wir Sie in Genf erreichen?
   ☻ Ja, haben Sie meine .... nummer?

10. Bezahlen Sie Ihre Rechnung bar oder mit .... ?

11. Ich schreibe jetzt die Postkarten. Gib mir bitte einen ....

12. Mein Name ist Weimann. Darf ich Ihnen meine .... geben?

3 Vermutungen äußern. Wo waren die Personen? Was haben sie gemacht? Was ist passiert? Formulieren Sie Vermutungen.

4 Über eine Reise sprechen

1.15

a) Hören Sie den Dialog in 3 auf der Seite 47 noch einmal. Was fragt Felix' Freund? Kreuzen Sie an.

1. ☐ Wie geht es dir?
2. ☐ Wie war die Reise?
3. ☐ Wohin seid ihr gefahren?
4. ☐ Was habt ihr gemacht?
5. ☐ Wie war die Messe?
6. ☐ Was arbeitet deine Freundin?

b) Was ist richtig? Hören Sie noch einmal und kreuzen Sie an.

1. Berlin ...
   a ☐ hat Felix nicht gefallen.
   b ☐ hat Felix gut gefallen.
   c ☐ fand Felix sehr voll.

2. Felix hat in Berlin ...
   a ☐ den Alexanderplatz besichtigt und ein Konzert besucht.
   b ☐ eine Stadtrundfahrt gemacht und eine Ausstellung besucht.
   c ☐ eine Messe besucht.

3. Felix ...
   a ☐ war mit seiner Freundin in Berlin.
   b ☐ war allein in Berlin.
   c ☐ hat seine Freundin in Berlin besucht.

4. Samirah ...
   a ☐ war auf einer Ärzte-Konferenz.
   b ☐ hat eine Computer-Messe besucht.
   c ☐ war auf einer Messe für Gesundheitswesen.

5 Immer – manchmal – selten – nie. Was machen Sie immer, manchmal, selten oder nie im Urlaub? Schreiben Sie.

3 | Übungen Unterwegs

6 Über eine Zugfahrt sprechen

a) Ergänzen Sie die trennbaren Verben.

abholen – ankommen (2x) – abfahren – umsteigen (2x)

💬 Hallo, Nils, hier ist Mama. Wann _____¹ du denn am Mittwoch in Münster _____² ?

🗨 Hi, Mama! Ich komme am Mittwoch mit dem ICE. Der Zug _____³ um 15.44 Uhr in Bonn _____⁴ und _____⁵ dann um 17.56 Uhr in Münster _____⁶.

💬 Fährst du direkt nach Münster oder _____⁷ du in Köln _____⁸ ?

🗨 Nein, ich fahre durch und muss nicht _____⁹. Ich habe auch einen großen Koffer.

💬 Kein Problem. Wir _____¹⁰ dich mit dem Auto vom Bahnhof _____¹¹.

b) Hören Sie das Telefonat und kontrollieren Sie.
1.16

7 Eine Reise buchen
1.17

a) Hören Sie den Dialog. Notieren Sie die Städte, die Uhrzeiten und den Preis.

DB BAHN Online-Ticket

Ihre Reiseverbindung und Reservierung. Hinfahrt am 15.11.

Halt	Datum	Zeit	Gleis	Produkte	Reservierung
_____	15.11.	ab _____	13	IC 61458	1 Sitzplatz, Wagen 21, Platz 68, Tisch, Nichtraucher
_____	15.11.	an _____	8	IC 4843	1 Sitzplatz, Wagen 32, Platz 14, Tisch, Nichtraucher

| Positionen | IC Fahrkarte | | Preis _____ MwSt. 19 % |

b) Hören Sie noch einmal und kontrollieren Sie.

8 Nach Informationen fragen. Ergänzen Sie die Fragen zu den Antworten.

💬 *Wann* ....
🗨 Der erste Zug nach Köln fährt morgen um 5.37 Uhr.

💬 ....
🗨 Moment. Der Zug kommt in Köln um 9.53 Uhr an.

💬 ....
🗨 Nein, der Zug fährt direkt bis Köln.

💬 ....
🗨 Gern. Hier bitte, Ihre Verbindung.

💬 ....
🗨 Ohne BahnCard kostet die einfache Fahrt 59 Euro.

💬 ....
🗨 Nein, Sie können nur bar bezahlen.

9 Wer sagt was?

a) Ordnen Sie die Aussagen zu: Kunde (K) oder Verkäufer (V)?

1. ☐ Zahlen Sie bar oder mit Kreditkarte?
2. ☐ Ja, wir fliegen am 25. Januar hin und am 2. Februar zurück. Geht das?
3. ☐ Super, dann sind wir mittags in Wien. Und wann genau ist der Rückflug?
4. ☐ Pro Person 130 Euro.
5. ☐ Sie landen am 2. Februar um 19 Uhr wieder in Hamburg. Soll ich die Flüge buchen?
6. ☐ Ja, das geht. Die Ankunft ist dann um 12 Uhr in Wien.
7. ☐ Moment, wie teuer ist der Flug?
8. ☐ Mit Kreditkarte bitte.
9. ☐ O. k., dann buchen Sie die Flüge bitte.

b) Schreiben Sie mit den Sätzen aus a) den Dialog fertig.

💬 Guten Tag.
💬 Guten Tag, ich hätte gern einen Flug von Hamburg nach Wien für zwei Personen.
💬 Fliegen Sie hin und zurück?

+ Ja, wir fliegen am 25. Januar hin und am 2. Februar zurück. Geht das?
−

10 Eine Urlaubsreise planen

a) Lesen Sie den Text und ergänzen Sie die Tabelle.

649 € pro Person und Woche
Kinder: 199 €

Das Hotel
Direkt am Strand von El Bajondillo im Süden von Spanien liegt unser schönes Hotel „Al Sur". Es hat 250 Zimmer – die meisten mit Blick auf das Meer.

Die Zimmer
Alle Zimmer sind mit Bad, Internet, TV, Telefon, Minibar und Balkon (Größe: ca. 25 m^2).

Service
Zum Hotel gehören ein Pool, Tennisplätze und ein Fitness-Studio. Im Hotel gibt es Geschäfte und einen Supermarkt. Mit unseren Animateuren erleben Sie und Ihre Kinder Spaß und Entspannung!

Wo?	das Hotel	die Zimmer	der Service	der Preis

b) Schreiben Sie einen Dialog mit den Informationen aus der Tabelle in a).

Wo …? – Was kostet …? – Gibt es …? – Wie groß …?

− Guten Tag, ich suche eine Reise in den Süden für mich und meine Familie. Unser Sohn ist sechs Jahre alt. Haben Sie ein interessantes Angebot?
+ Wir haben eine Reise nach Südspanien im Angebot. Es gibt dort ein sehr schönes Hotel.
− Wo …

3 | Übungen Unterwegs

11 Sätze mit *aber*

a) Schreiben Sie die Sätze.

1. Meine Frau möchte gern mit dem Auto nach Spanien fahren, – *ein Flug / schneller*

   aber ....

2. Ich möchte gern eine große Reise machen. – *Urlaub zu Hause / billiger*

   ....

3. Wir machen gern Strandurlaub, – *eine Rundreise / interessanter*

   ....

b) Hören Sie den Dialog. Welche Aussage aus a) passt? Kreuzen Sie an.
1.18
1 ☐   2 ☐   3 ☐

c) Hören Sie noch einmal. Welche Aussagen sind falsch? Kreuzen Sie an und korrigieren Sie.

1. ☐ Steffi hat keinen Urlaub im August.
2. ☐ Tobi findet die Angebote in der Türkei gut.
3. ☐ Tobi und Steffi machen gern Hotelurlaub, aber Camping-Urlaub ist billiger.
4. ☐ Sie haben schon oft Urlaub im Hotel gemacht.
5. ☐ Lea macht gern Strandurlaub.

12 Textkaraoke. Hören Sie und sprechen Sie die 👄-Rolle im Dialog.
1.19

👂 ...
👄 Guten Tag, wann fährt der nächste Zug nach Hamburg-Altona ab?
👂 ...
👄 Und wann komme ich in Hamburg-Altona an?
👂 ...
👄 Gut, von welchem Gleis fährt der Zug ab?
👂 ...
👄 Vielen Dank.

13 S-Laute

a) Hören Sie und ordnen Sie zu: stimmhaftes [z], stimmloses [s] oder [ts]?
1.20

1. ☐ der Reisepass   4. ☐ ausdrucken   7. ☐ besichtigen   10. ☐ der Sommer
2. ☐ der Preis   5. ☐ von Zürich   8. ☐ Bayrischzell   11. ☐ der Dienstag
3. ☐ die Messe   6. ☐ Auf Wiedersehen!   9. ☐ zurück   12. ☐ der Sitz

b) Hören Sie noch einmal und sprechen Sie nach.
1.20

c) Hören Sie und sprechen Sie schnell.
1.21

1. Ich besichtige die Messe mit meinem Messeausweis.
2. Der Zug fährt sehr schnell von Luzern nach Zürich.
3. Ich fahre in der ersten Klasse zurück nach Paris. Auf Wiedersehen!
4. Der Bus fährt auf der Straße von Salzburg nach Sankt Gallen.

3 Unterwegs Übungen

14 Modalverb *sollen*

a) Was sollen Frank und Mia tun? Ergänzen Sie den Dialog mit der Form von *sollen* und einem Verb aus dem Kasten.

gehen (2x) – anrufen – kaufen – wechseln

An...: Frank.seidler@web.de
Cc...:
Betreff: Urlaub

Lieber Frank, ich habe unsere Reise gebucht! Aber wir müssen noch viel machen!
Die Frau im Reisebüro hat gesagt, ich _____¹ zum Arzt _____². Wir brauchen noch Medikamente. Wir _____³ einen guten Reiseführer _____⁴, und am besten auch einen Stadtplan. Wir _____⁵ in Deutschland kein Geld _____⁶, wir _____⁷ in Tanger zur Bank _____⁸. Ich habe mit deiner Mutter gesprochen, du _____⁹ sie nach der Reise _____¹⁰. Ich freue mich so :-) !
Bis heute Abend. Kuss, deine Mia

b) Frau Albers macht eine Geschäftsreise. Ihre Sekretärin Frau Mielitz bekommt eine Liste mit Aufgaben. Schreiben Sie.

Frau Mielitz
- Hotel buchen
- Flugticket online reservieren
- Taxi bestellen
- Termin mit Geschäftspartner machen

1. Frau Mielitz soll ein _____
2. _____
3. _____
4. _____

15 Flüssig sprechen. Hören Sie und sprechen Sie nach.

1.22

1. für nächste Woche reservieren. – eine Fahrkarte für nächste Woche reservieren. – Er soll eine Fahrkarte für nächste Woche reservieren.
2. für die Gruppe ausdrucken. – den Fahrplan für die Gruppe ausdrucken. – Du sollst den Fahrplan für die Gruppe ausdrucken.
3. in Paris ankommen. – früh morgens in Paris ankommen. – Wir sollen früh morgens in Paris ankommen.

16 Über eine Reise schreiben

a) Sehen Sie die Fotos an. Wer ...? Wo ...? Was ...? Schreiben Sie Fragen zu den Fotos.

Tag 21

Tag 22

3 Übungen Unterwegs

b) Lesen Sie den Blog und beantworten Sie Ihre Fragen aus a).

Zu Fuß von Deutschland nach Polen – Tag 22:
Der Stopp in Lübeck war super, ich habe liebe Freunde besucht und mich ausgeruht. Heute gehts weiter! Das nächste große Ziel ist jetzt Rostock. Ich bin heute wieder den ganzen Tag gewandert, immer an der Ostsee entlang. Auf dem Weg konnte ich die ganze Zeit aufs Meer schauen, das war schön. Ich treffe oft Radfahrer und Spaziergänger, die meisten sind sehr freundlich, und so lerne ich viele Leute kennen. Am Abend habe ich eine kleine Pension gefunden, zwei Radfahrer übernachten auch hier, und wir gehen gleich zusammen essen. Ihr seht, mir geht es super! Morgen wandere ich schon ganz früh weiter, ich will bis nach Rostock kommen.

Liebe Grüße
Euer Pablo

c) Wie finden Sie den Urlaub von Pablo? Wollen Sie auch eine Reise zu Fuß machen? Oder reisen Sie lieber mit dem Auto? Schreiben Sie.

17 Urlaub vom Alltag. Lesen Sie den Text und ergänzen Sie die passenden Wörter.

> bei einer Firma – etwas erleben – meine Familie – warmes Wasser – mit den Hunden – in Zelten – gut erholt – Strandurlaub machen – in einem großen Haus

Abenteuer – Leben - 18 -

Mit dem Hundeschlitten durch die Schweiz

Immer mehr Menschen wollen im Urlaub etwas erleben. Sie buchen einen Abenteuerurlaub. Volker Mende ist einer von ihnen.

Volker Mende ist Programmierer ....¹ in Stuttgart. Er ist verheiratet und lebt mit seiner Frau und seinen beiden Kindern ....². Im Sommer fahren sie meistens ans Meer. Aber Herr Mende möchte mehr. Er sagt: „Immer nur vor dem Computer sitzen und im Sommer ....³, ist langweilig. Einmal im Jahr möchte ich ....⁴. Dann mache ich Urlaub allein, ohne ....⁵. Dieses Jahr fahre ich eine Woche mit einem Hunde-

schlitten durch die Schweiz. Ein Leben ohne Heizung und ....⁶, nur die Hunde und die Natur! Für eine Woche ist das toll." Mit einer Gruppe von drei anderen Männern und zwei Frauen wandert und fährt er ....⁷ durch die Berge in der Schweiz. Am Abend kochen sie gemeinsam und schlafen ....⁸. Nach einer Woche Abenteuerurlaub kommt Herr Mende ....⁹ nach Hause zurück. Dann macht auch der Alltag wieder Spaß.

Fit für Einheit 4? Testen Sie sich!

Mit Sprache handeln

Vermutungen äußern

...., dass der Mann eine Messe besucht hat.

.... ist die Familie mit dem Auto gereist. ▶ KB 1.2

eine Reise buchen

💬 Wie teuer ist das Ticket? 💧 Die Abfahrt ist um 17 Uhr.
💬 Hin und zurück? 💧 Nein, du musst in Berlin umsteigen.
💬 Fährt der Zug durch? 💧 Die Fahrkarten kosten 56,70 Euro.
💬 Wann fährt der Zug ab? 💧 Nein, eine einfache Fahrt bitte. ▶ KB 2.1–2.3, 2.6

Wortfelder

Reisegegenstände

der Autoschlüssel, der Reisepass, ... ▶ KB 1.1

Reisewörter (umsteigen – ausdrucken – reservieren – ankommen – buchen)

einen Flug ...., einen Sitzplatz ....,

in Berlin ...., spät ...., das Ticket .... ▶ KB 2.4

Grammatik

Gegensätze mit *aber*

Fernreisen/interessant/teuer. ....?

Reise mit dem Zug/bequem/dauert lange. ....? ▶ KB 2.5

Modalverb *sollen*

Du .... ein Doppelzimmer reservieren. Wir .... einen Stadtplan kaufen.

Er .... zum Arzt gehen und Medikamente kaufen. ▶ KB 3.1, 3.2

Alternativen mit *oder*

Kaffee oder ....?   Milch oder ....?

Groß oder ....?   Rechts oder ....? ▶ KB 3.3, 3.4

Aussprache

S-Laute

[z] die Reise, lesen, eine Person   [s] aussteigen, der Bus, die Autos
[ts] die Zeit, die Tickets, der Zug ▶ KB 2.7, 2.8

Station 1

1 Berufsbilder

1 Beruf *Übersetzer/in*

a) Bereiten Sie den Text vor.

1. Beschreiben Sie das Büro.
2. Welche Arbeiten macht man dort?
3. Welche Informationen über Frau Bachmann stehen auf der Visitenkarte?

Verena Bachmann
Übersetzungsbüro und Sprachenservice

Am Markt 14
07743 Jena
Tel: 03641 – 775219
Mobil: 01577 678821
v.bachmann@sprachenservice.de
www.sprachenservice-thueringen.de

b) Lesen Sie den Text aus „Berufe aktuell" und beantworten Sie die Fragen.

1. Berichten Sie über Verena Bachmann. Was hat sie studiert? Was macht sie jetzt?
2. Geschäftsidee „Sprachenservice". Welche Aufträge bearbeitet Frau Bachmanns Sprachenservice? Haben Sie noch mehr Ideen?

Verena Bachmann, Übersetzerin

Berufe aktuell

Verena Bachmann hat in der Schule Russisch und Latein gelernt und danach Englisch, Spanisch und Germanistik in Rostock studiert. Vor zwei Jahren hat sie auch noch ihr Masterstudium in Jena in Deutsch als Fremdsprache
5 abgeschlossen. Zuerst wollte sie als Lehrerin in Integrationskursen für Migranten arbeiten, aber bei den meisten Instituten bekommt man nur wenige Stunden und verdient wenig. Man hat keinen Urlaub und bei Krankheit bekommt man kein Geld.
10 Dann hatte Frau Bachmann eine Geschäftsidee. Viele Menschen arbeiten mit Texten und haben internationale Kontakte. Sie haben oft wenig Zeit und sprechen Deutsch und fremde Sprachen gar nicht oder nicht besonders gut. Sie hat einen Sprachenservice gegründet. Ihr Angebot:
15 formelle Briefe schreiben, Übersetzungen in Russisch, Spanisch, Englisch oder Deutsch und Masterarbeiten korrigieren für Studierende an den Universitäten und Hochschulen in Weimar, Erfurt und Jena. Es macht ihr Spaß und sie sagt, dass sie dabei sehr viel lernt. Immer
20 mehr kleine Firmen arbeiten jetzt mit Firmen im Ausland zusammen. Sie haben aber keine Mitarbeiter mit Fremdsprachenkenntnissen. Manchmal übersetzt Verena auf einer Messe oder sie schreibt Informationsbroschüren für eine Firma auf Englisch. Das Text-Design macht ein
25 Informatikstudent für sie am Computer. Seit einem Jahr hat Frau Bachmann eine chinesische Mitarbeiterin. Es gibt auch Fragen nach Rumänisch- oder Lettisch-Übersetzungen, dann tauscht Frau Bachmann die Aufträge mit anderen Service-Büros. Es gibt eine Internet-
30 seite für den Tausch. Sie findet es richtig, dass sie sich selbstständig gemacht hat, aber sie muss viel arbeiten, verdient nicht viel Geld und hat selten Urlaub und nie richtig Feierabend. „Aber ich bin mein eigener Chef", sagt sie. „Das ist der Unterschied."

2 *„Ich habe mich selbstständig gemacht".* Lesen Sie den Wörterbuchauszug. Was heißt „selbstständig" für Frau Bachmann? Was tun Sie selbstständig?

selbst·stän·dig <nicht steig.> Adj. **1.** *nur mit eigenem Wissen und Können, ohne fremde Hilfe* Die Schüler sollen die Aufgabe selbstständig lösen! **2.** *so, dass man nicht angestellt ist, sondern eine eigene Firma hat.* Er ist seit zwei Jahren selbstständig.

3 **Ein Interview mit Verena Bachmann.** Hören Sie das Interview und machen Sie Notizen.
1.19

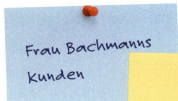

Frau Bachmanns Kunden

ihr Alltag

ihre Sprachen

4 Sprachmittlung trainieren – Informationen in eine andere Sprache übermitteln

a) Arbeiten Sie zu dritt. Eine Person spricht Sprache A, die zweite Person spricht Sprache B. Sie sprechen A und B. Lesen Sie die Rollenkarten. Wählen Sie eine Situation aus. Notieren Sie wichtige Wörter.

Ein Gast besucht Ihr Institut. Er spricht Deutsch. Ihr Institutsleiter spricht kein Deutsch. Sie übersetzen im Gespräch.
Wie viele Studenten gibt es?
Wie viele Lehrerinnen und Lehrer hat die Schule?
Welche Kurse gibt es?

Ein Bekannter aus Deutschland besucht Ihre Familie. Ihr Vater spricht kein Deutsch. Sie übersetzen im Gespräch.
Sie reden über das Wetter.
Wie groß ist die Stadt? / Was kann man hier machen?
Welche Sehenswürdigkeiten gibt es?
Wer arbeitet wo?

Sie gehen mit einer Freundin in Deutschland zum Arzt. Ihre Freundin spricht kein Deutsch. Sie übersetzen im Gespräch.
Was fehlt Ihnen?
Wo haben Sie Schmerzen?
Haben Sie auch Kopf- / Hals- / Rückenschmerzen?

b) Spielen Sie die Gespräche zu dritt. Wechseln Sie die Rollen.

Er hat gesagt, dass es an dieser Schule 23 Lehrerinnen und Lehrer gibt.

c) Auswertung. Was war schwer? Haben Sie Tipps für Sprachmittler?

1 Station

2 Wörter – Spiele – Training

1 Fragen mit Adjektiven trainieren

a) Ordnen Sie jedem Adjektiv ein Nomen zu.

| alt – dick – klein – freundlich | die Katze – das Haus – der Hund – der Computer |

1 ein dicker Hund
2 eine
3
4

b) Fragen Sie Ihre Partnerin / Ihren Partner.

💬 Hast du einen alten Hund?
💬 Nein, hast du einen freundlichen Hund?
💬 Ja, und hast du eine …

Minimemo

Adjektive: unbestimmter Artikel im Akkusativ
der   einen alten Hund
das   ein altes Haus
die   eine alte Katze

2 Ein Gedächtnisspiel

a) Sehen Sie das Bild eine Minute an und merken Sie sich so viele Gegenstände wie möglich.

b) Schließen Sie das Buch und notieren Sie die Gegenstände. Sie haben eine Minute Zeit.

c) Schreiben Sie eine Geschichte zum Bild.

Wem gehört der Koffer? Wie ist die Person?
Wo kommt sie/er her? Wo macht sie/er Urlaub?
Was macht sie/er im Urlaub? Reist sie/er allein?
Was macht sie/er am Abend?

3 Selbstevaluation: Familienwörter – Wortfamilien. Notieren Sie zehn Familienwörter.

jünger
　　　　Enkel　　　　　　　　　　　　　　　Enkelkinder
　　　　　männlich ——————— weiblich ——————— männlich und weiblich ———
　　　　Vater
älter

4 Aussagen wiederholen und kommentieren. Arbeiten Sie zu dritt.

Aussagen...	... wiederholen ...	... und kommentieren
Wissenschaftler sagen, lange schlafen macht schlank.	Wissenschaftler sagen, dass lange schlafen schlank macht.	Ich finde nicht, dass lange schlafen schlank macht.
Mein Arzt sagt, ich muss abnehmen.	Mein Arzt sagt, dass ich abnehmen muss.	Ich finde auch, dass ich abnehmen muss.
Meine Mutter sagt, ich muss gesünder essen.	Meine Mutter sagt, dass	Ich finde
Die Zeitungen schreiben, die Klimakatastrophe kommt.		
Mein Lehrer sagt, ich soll mehr		
Mein Chef		

5 „Kursevaluation" – ein Text-Spiel

a) Notieren Sie sieben Adjektive auf einem Zettel:
Wie sind Personen und Sachen?

1 lustig   3 ...
2 schön   ...

b) Ergänzen Sie den Text mit den Adjektiven. Achten Sie auf die richtige Endung und lesen Sie Ihre Texte laut vor.

Wir haben wirklich einen (1) .... Deutschkurs. Die (2) ....

Kursteilnehmer und die (3) .... Kursteilnehmerinnen hatten schon am ersten

Tag viel Spaß. Unsere (4) .... Lehrerin hat immer (5) ....

Übungen mit uns gemacht und uns die (6) .... deutsche Grammatik erklärt.

In einem so (7) .... Kurs möchte man gern weiter lernen.

1 Station

3 Filmstation

1 Simultanübersetzen. Sehen Sie den Clip bis 01:33 an. Was machen die Studenten? Kreuzen Sie an.

1. ☐ Die Studentinnen und Studenten studieren an der Universität Westminster in London.
2. ☐ Sie lernen an der Universität Englisch.
3. ☐ Sie hören und übersetzen.
4. ☐ Die Studentinnen und Studenten arbeiten in einem Übersetzungsbüro.
5. ☐ Sie üben die Simultanübersetzung an der Universität.
6. ☐ Sie übersetzen formale Briefe.

2 Die Studentin Nadeschda

a) Sehen Sie den Clip komplett. Notieren Sie Informationen.

Studium:

Muttersprache:

Fremdsprachen:

Wohnort:

b) Was ist richtig? Kreuzen Sie an.

1. ☐ Nadeschda lebt seit zehn Jahren in London.
2. ☐ Sie übersetzt von der englischen Sprache in die russische Sprache.
3. ☐ Nadeschda übersetzt auch vom Deutschen ins Englische.
4. ☐ Sie lernt Deutsch an der Universität in London.
5. ☐ Sie hat ERASMUS in London gemacht.

3 Informationen sehen und hören. Sehen Sie den Clip noch einmal und ordnen Sie die Sätze zu.

Viele junge Menschen lernen Sprachen, **1**   a weil sie seit zehn Jahren Englisch lernt.
Die Simultanübersetzer arbeiten zu zweit, **2**   b weil sie besser Deutsch lernen will.
Nadeschda spricht heute sehr gut Englisch, **3**   c weil das Übersetzen anstrengend ist.
Nadeschda übersetzt nicht ins Deutsche, **4**   d weil es wichtig für den Beruf ist.
Sie studiert im nächsten Jahr in Deutschland, **5**   e weil ihr Deutsch nicht gut genug ist.

Station 1

4 Sprachen. Und Sie? Welche Sprachen verwenden Sie im Alltag? Fragen und antworten Sie.

> Mit meiner Familie spreche ich Portugiesisch, aber mit meinem Freund spreche ich Deutsch.

> Ich lese gerne auf Englisch, aber Filme schaue ich ...

5 Urlaub mit Haustausch

a) Was ist Haustausch? Was sind die Vorteile/Nachteile? Sammeln Sie Vermutungen.

b) Sehen Sie den Clip bis 00:34 und vergleichen Sie Ihre Vermutungen aus a).

c) Sehen Sie den Clip komplett. Machen Sie Notizen zu den Begriffen.

| Internetseiten | Preis | Tauschpartner |

d) Genau hören und beobachten. Was ist richtig? Ergänzen Sie.

So funktioniert Haustausch: Eine Familie tauscht ihr Haus über .... mit einer anderen Familie. Auf die Internetseite kommen .... vom Haus der Familie, z. B. von der .... oder vom .... Man bezahlt circa .... Euro im Jahr und kann dann ein Jahr lang sein Haus tauschen. Wichtig ist, dass man eine andere .... findet, die tauschen möchte. Familie Bode hatte Glück. Sie haben einen Tauschpartner gefunden: die Familie Pelka aus .... Sie haben telefoniert und alles passt gut. Beide Familien haben .... Kinder. So kann man tollen Urlaub mit wenig .... machen.

6 Das erste Skypetelefonat zwischen Familie Bode und Familie Pelka

a) Was fragt Familie Bode Familie Pelka? Schreiben Sie Fragen.

> Woher kommen Sie?
> Wann machen Sie Urlaub?
> Was ...

b) Schreiben Sie dann einen Dialog zwischen den Familien und lesen Sie vor.

siebenundsechzig | 67

Europas Tradition:
Am Anfang: Griechisch

Europa ist ein Kontinent mit vielen Sprachen. Vor 2500 Jahren war Griechisch die Sprache der Literatur und der Wissenschaft. Der Anfang der Kultur im modernen Europa liegt im antiken Griechenland. Danach war Latein mehr als 1000 Jahre lang die Lingua Franca in der Wissenschaft. Alle Theologen und Philosophen haben auf Lateinisch geschrieben. In der Medizin ist Latein heute noch die Fachsprache. Die meisten Schülerinnen und Schüler haben damals Latein in der Schule gelernt. Während der Kolonialzeit sind viele europäische Sprachen ins Ausland ausgewandert. Spanisch nach Südamerika, Portugiesisch nach Südamerika und nach Afrika, Englisch nach Afrika, Asien, Australien und Amerika.

Seit dem 17. Jahrhundert war Französisch die Sprache der Aristokratie, der Kultur und der Politik in Europa. Französisch, nicht Englisch, war für die meisten Schüler in Europa mehr als 200 Jahre lang die erste Fremdsprache. Heute ist Französisch noch eine offizielle Sprache der EU und neben Englisch die wichtigste Arbeitssprache der Europäischen Kommission in Brüssel. In Ost- und Mitteleuropa war Russisch bis vor 20 Jahren die erste Fremdsprache, in Westeuropa Englisch. Heute lernen die Schüler in ganz Europa meistens Englisch als erste Fremdsprache, als zweite Fremdsprache meistens Deutsch, aber auch Französisch oder Spanisch. Junge Menschen in Süd- und Südosteuropa lernen heute mehr Deutsch als früher. Die deutschsprachigen Länder Deutschland, Österreich und die Schweiz sind ein attraktiver Arbeitsmarkt im geographischen Zentrum Europas.

Was kann man mit Bildern machen?

- im Kurs zusammen anschauen
- Handy-Fotos zum Thema „Deutsch" machen
- Personen oder Orte beschreiben
- Vermuten: Was ist das? Wer hat das Bild gemacht?
- eine Geschichte über ein Bild schreiben

Mehr Sprachen. Mehrsprachig
Englisch – Problem oder Lernhilfe?

„Das ist doch nur eine Mode. In unserer Sprache ist es genau so."

„Englisch hilft beim Deutschlernen"

pro   contra

„Schluss mit Denglisch!"

„Englische Wörter in der deutschen Sprache sind für mich ein Problem. Man findet sie meistens nicht im Wörterbuch."

pro

Sprachen leben. Sie tauschen Wörter. Sie verändern sich. Zweite und dritte Fremdsprachen lernt man oft leichter als die erste Fremdsprache. Deutsch und Englisch haben eine gemeinsame Geschichte und viele gemeinsame Wörter. Viele neue Wörter aus der Technik und aus den Medien kommen aus der englischen Sprache und sind jetzt international: *Internet*, *mailen*, *downloaden* ... Deutsch und die skandinavischen Sprachen nehmen besonders schnell englische Wörter auf. Das ist ein Vorteil für Lerner!

contra

Es ist eine Mode. Viele sagen, es ist eine Katastrophe für die Sprache. Überall in Deutschland, Österreich und in der Schweiz findet man englische Wörter. Die Werbung liebt sie. Aber warum muss eine Toilette im Bahnhof *McClean* heißen, ein Imbiss *Snack Point*, ein Café *coffee shop* und ein Schuster *Mister Minit*? Die meisten Deutschen meinen, *Handy* ist ein englisches Wort. Englisch klingt modern. Englisch ist in. Aber Englisch ist eine Krankheit. Die Sprache zerstört andere Sprachen!

„Ich habe zuerst Englisch gelernt. Für mich sind englische Wörter eine Hilfe."

„Man weiß nie, wie man diese Wörter aussprechen soll: Deutsch oder Englisch?"

Was kann man mit Texten machen?

- Überschriften lesen / neue Überschriften finden
- den Text schnell lesen und herausfinden, worum es geht
- Stichwörter notieren
- mit anderen Kursteilnehmern über den Text sprechen: Was findest du interessant? / Was hast du verstanden?
- einen Kommentar schreiben
- ein Bild malen / Fotos zum Text finden
- mehr Informationen zu Texten im Internet finden

4 Freizeit und Hobbys

Hier lernen Sie

▶ über Hobbys und Interessen sprechen
▶ positiv/negativ oder überrascht auf etw. reagieren
▶ Emotionen ausdrücken und verstehen
▶ über Vereine sprechen

1 Hobbys

1   2   3

1 **Meine Hobbys.** Ordnen Sie die Geräusche den Fotos zu.
1.20 Ü1

☐ am Computer spielen ☐ reiten ☐ Motorrad fahren
☐ Marathon laufen ☐ im Chor singen ☐ heimwerken /
☐ Zumba tanzen ☐ wandern   im Haus arbeiten

2 **Leute und ihre Hobbys**
Ü2

a) **Welches Hobby passt zu wem? Vermuten Sie.**

Jens   Ping   Ulf

b) Hören Sie die Interviews und ordnen Sie zu. War Ihre Vermutung richtig?
1.21

c) Hören Sie noch einmal und sammeln Sie Informationen.

Wer?	Was?	Wie oft?	Wo?	Was ist schön?

siebzig

4 5 6 7 8

3 Lesestrategie: Texte durch Zahlen verstehen

Ü3

a) Lesen Sie die Überschriften der beiden Zeitungsmeldungen. Worum geht es? Was wissen Sie über die Themen?

Branchenreport: Fitness stärkste Sportart in Deutschland

Mehr als sieben Millionen Menschen trainieren in über 7.100 Fitness-Studios in Deutschland. Damit haben die Studios mehr Mitglieder als der größte Sportverband, der Deutsche Fußball-Bund (DFB) mit 6,8 Millionen
5 Mitgliedern. Ziel der Fitness-Fans: den Körper in Form bringen und die Fitness verbessern. Das kostet zwischen 20 und 60 Euro im Monat – für die Gesundheit sicher nicht zu teuer.

Zermatt-Marathon: Erster kenianischer Sieg und neuer Streckenrekord!

Paul Matchia Michieka aus Kenia und die Schweizerin Daniela Gassmann-Bahr sind 2012 die Sieger im 11. Zermatt-Marathon. Für die 42,195 Kilometer lange Strecke brauchte Michieka 2:59:54 Stunden. Daniela
5 Gassmann-Bahr lief mit 3:29:13 Stunden den Strecken-rekord bei den Frauen. Insgesamt waren 1200 Läuferinnen und Läufer beim schönsten Marathonlauf in Europa am Start. http://www.zermattmarathon.ch/

b) Lesen Sie eine der beiden Meldungen. Notieren Sie Informationen zu den markierten Zahlen. Berichten Sie Ihrer Partnerin / Ihrem Partner.

4 Gegenstände und Hobbys. Was kennen Sie? Was machen Sie?

Ich spiele zweimal pro Woche Gitarre in einer Hard-Rock-Band.

Ich sammle Briefmarken.

einundsiebzig

der Skihelm | der Tennisschläger | der Notenständer | die Ballettschuhe | die Angel

4 Freizeit und Hobbys

2 Freizeit und Forschung

1 Freizeitaktivitäten – die Stiftung für Zukunftsfragen forscht nach

Ü4–5

a) Lesen Sie den Newsletter-Text. Markieren Sie die Freizeitaktivitäten.

Forschung aktuell
Newsletter 03/14

FREIZEIT-MONITOR – FERNSEHEN BLEIBT DIE NUMMER 1

Die Stiftung für Zukunftsfragen stellt heute in Berlin ihren Freizeit-Monitor vor.
Über 4.000 Personen ab 14 Jahren haben an der Studie teilgenommen.

Seit den 1980er Jahren sind Fernsehen und Radiohören, Telefonieren und Zeitunglesen die beliebtesten Freizeitaktivitäten. 98 % der Bundesbürger sehen regelmäßig fern. Sie wollen sich am Abend vor dem Fernseher unterhalten und informieren. Sehr beliebt sind auch die elektronischen Freizeitmedien, z. B. Computerspiele oder das Internet. Der Alltag ist stressig, die Leute freuen sich auf das Wochenende und wollen sich ausruhen, ausschlafen oder sich mit der Familie treffen. Viele wünschen sich mehr Zeit für Hobbys, Sport und Freunde – auch ohne Computer oder Handy. „Mehr Zeit zur Erholung und für soziale Kontakte – diese Wünsche überraschen mich nicht. In der hektischen Medienwelt nimmt der Wunsch nach Ruhe und sozialen Kontakten zu", sagt Prof. Dr. Ulrich Reinhardt, Leiter der Stiftung für Zukunftsfragen. Wellness ist im Trend: Immer mehr Leute entspannen sich mit Yoga oder Pilates oder gehen in die Sauna. Auch die Arbeit im Garten ist beliebt und hilft gegen Stress. Ein Trend setzt sich fort: Auf der einen Seite gibt es mehr Freizeitangebote, auf der anderen Seite müssen die Menschen aber sparen. Immer mehr Deutsche gehen lieber ins Schwimmbad als in den Aquapark, fahren lieber Fahrrad als Auto, und sie treffen sich gern bei Freunden und kochen zusammen. Freizeitvergnügen muss nicht immer Geld kosten.

b) Was hilft gegen Stress? Welche Freizeitaktivitäten sind teuer, welche billig? Suchen Sie im Text und ergänzen Sie weitere Hobbys.

2 Über Sport und Hobbys sprechen. Was machen Sie (nicht) gern in Ihrer Freizeit / abends / am Wochenende? Fragen und antworten Sie im Kurs.

Ü6–7

Redemittel

über Hobbys und Interessen sprechen

☺
Ich mag …
Ich gehe/spiele/fahre gern …
Am liebsten …
Ich interessiere mich für …

☹
Ich mag … nicht.
… spiele/mache/fahre ich nicht so gern.
Ich … lieber …
… finde ich nicht so gut / langweilig.

Ich gehe gern schwimmen, und du?

Ich schwimme nicht so gern. Ich treffe mich lieber mit meinen Freunden.

3 „Autogrammjagd". Fragen Sie im Kurs und sammeln Sie Unterschriften.

Interessierst du dich für Politik?	
Freust du dich über Geschenke?	
Fühlst du dich heute gut?	
Machst du gerne Sport?	
Kannst du zu Hause am Computer arbeiten?	
Magst du Hunde?	
Hast du heute schon Zeitung gelesen?	

4 Fühlen Sie sich gut?

a) Lesen Sie die Sprechblasen und ergänzen Sie die Reflexivpronomen in der Tabelle.

Ich fühle *mich* gut!
Toll, du fühlst *dich* gut.
Oh, er fühlt *sich* schlecht!
Wir fühlen *uns* schlecht!

Grammatik

ich	*mich*	wir	....
du	....	ihr	*euch*
er/es/sie	....	sie/Sie	*sich*

b) Vergleichen Sie die Tabelle mit den Personalpronomen im Akkusativ auf Seite 130. Welche Unterschiede finden Sie?

5 Nach dem Sport

a) Was machen Sie zuerst, dann, danach?

Zuerst ruhe ich mich aus, dann ..., danach ...

sich ausruhen – sich umziehen – nach Hause fahren – sich schminken / sich rasieren – etwas trinken – sich duschen – etwas essen – sich eincremen – sich abtrocknen

b) Wo steht das Personalpronomen im Nominativ? Wo das Reflexivpronomen? Ergänzen Sie weitere Beispielsätze im Heft.

Pos. 1	Pos. 2	
Ich	dusche	mich.
Dann	trockne	ich mich ab.

6 Reflexive Verben mit Präpositionen

a) Markieren Sie sie in 1 und 3 auf Seite 72.

Interessierst du dich für Politik?

b) Hören Sie die beiden Dialoge. Notieren Sie die Hobbys.

c) Hören Sie noch einmal. Welche reflexiven Verben mit Präpositionen aus a) hören Sie? Notieren Sie.

Lerntipp
Das Gehirn liebt Paare:
Verben mit Präpositionen lernen!
sich interessieren **für**

7 Wortfelder im Kopf. Sammeln Sie Hobbys, ordnen Sie zu und vergleichen Sie im Kurs.

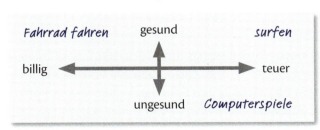

Fahrrad fahren — gesund — surfen
billig ⟷ teuer
ungesund — Computerspiele

Fahrrad fahren ist billig und gesund.

Surfen ist gesund, aber teuer.

Das finde ich nicht.

4 Freizeit und Hobbys

3 Leute kennenlernen? Im Verein!

1 Vereinsleben. Sehen Sie die Logos an. Welche Vereine können das sein?

In Vereinen lernt man schnell Leute kennen, weil das Hobby für alle wichtig ist. Die Mitglieder treffen sich regelmäßig und betreiben ihr Hobby, aber sie feiern auch Feste zusammen oder renovieren das Vereinsheim.

2 Interessen und Vereine
Ü12–13

a) Sie sind neu in Köln und möchten Leute kennenlernen. Ordnen Sie die Vereine den Interessen zu.

Interessen		Vereine in Köln	
mit anderen reiten	1	a	Agility Team Cologne e. V.
tanzen lernen	2	b	Fotowerkstatt Köln
mit Hunden Sport machen	3	c	Reitverein Porz e. V.
fotografieren	4	d	Volkstanzfreunde Köln e. V.
Basketball spielen	5	e	Kölner Karnevalsverein „Unger uns" 1984 e. V.
im Chor singen	6	f	Rheinstars Köln
Karneval feiern	7	g	Konzertchor Köln e. V.

b) Welcher Verein passt zu Ihren Interessen? Sprechen Sie im Kurs.

in einen Reitverein/Chor/Tennisverein/Wanderverein/…-Sportclub/Kunstverein … gehen

Ich möchte …

Ich male gern.

Geh doch in einen Kunstverein.

Ich bin ein Auto-Fan.

Vereinsleben in Deutschland

Im 19. Jahrhundert haben Arbeiter in Deutschland Gesangs- und Turnvereine gegründet, weil politische Vereine verboten waren. Heute gibt es in Deutschland 580.298 Vereine mit mehr als 71 Mio. Mitgliedern. In Vereinen engagieren sich nicht nur Sportler. Es gibt auch politische Vereine und Interessenvereine, z. B. für Autofans, Kaninchenzüchter oder Naturschützer.

4 Freizeit und Hobbys

3 Die Deutschen und ihre Vereine. Lesen Sie den Magazin-Text und ergänzen Sie die Tabelle.

In Deutschland beobachtet.

Ziwei Teng, 23, aus China

Ich habe drei Monate bei einer Familie in Kipfenberg gewohnt. Das ist ein Dorf in Bayern. Im Dorf gibt es 1700 Einwohner und mehr als 60 Vereine. Alle aus der Familie waren in mindestens zwei Vereinen: die Tochter im Reitverein und im Turnverein, der Sohn im Tischtennisverein und bei der Feuerwehr. Der Vater war auch bei der Feuerwehr und dann noch im Radsportclub. Die Mutter war beim Roten Kreuz, im Turnverein und im Chor, der Opa im Gartenbau- und im Kaninchenzuchtverein. Sie haben mehr Zeit mit den Leuten im Verein verbracht als mit der Familie. Oft war abends niemand zu Hause. Und am Wochenende musste ich mich entscheiden: Gehe ich mit zum Reitturnier, zum Chorsingen oder zum Radrennen? Bei uns in China haben alle weniger Freizeit und nicht so viele Hobbys. Viele kümmern sich nach der Arbeit mehr um die Familie. Ich glaube, die Deutschen sind „vereinsverrückt"! Aber als ich in Deutschland war, habe ich auch Billard im Pool-Billard-Club gespielt und im Sportverein gab's Jazz-Tanz ...

	Vater	Mutter	Tochter	Sohn	Opa	Ziwei
Vereine	....	....	....	....	....	....

4 Indefinita

a) Markieren Sie *alle, viele, niemand* im Text in 3.

b) Machen Sie Aussagen über den Kurs wie im Beispiel.

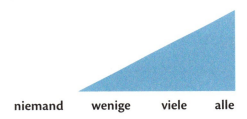

Sport/Musik machen
essen/trinken
schlafen
Tiere haben
malen

niemand   wenige   viele   alle

Bei uns im Kurs schlafen alle.

Niemand macht ...

5 Freizeit interkulturell. Vergleichen Sie im Kurs. Gibt es Vereine auch in anderen Ländern? Was machen die Leute in ihrer Freizeit?

Redemittel

vergleichen

Viele Leute sind bei uns auch ...
Nur wenige Leute ...
Bei uns machen mehr Leute ...
Niemand ...

6 Hobbys und Freizeit. Schreiben Sie einen Ich-Text.

In meiner Freizeit ... Mein Hobby ist ... / Ich bin Mitglied im ... Abends / am Wochenende gehe ich am liebsten ... Als Kind habe ich ..., jetzt ... Ich habe mich schon immer für ... interessiert, weil ...

fünfundsiebzig 75

4 Das (fast) perfekte Wochenende

 1 **Montagmorgen in der Firma**

a) Hören Sie die Dialoge. Welche Texte passen?

a) Freitag 17. 11. Samstag — lange geschlafen, mit Anette telefoniert, Buch zu Ende gelesen und Tee getrunken | 18. 11. Sonntag — lange gefrühstückt und Zeitung gelesen, Spaziergang mit Bello, Kino mit Anette

b) Hallo Thomas,
wir haben das Spiel gegen den FC Schwabhausen 0:5 verloren! Mann, war ich wütend! Das heißt für uns: Training jeden zweiten Tag! Nächsten Mittwoch kann ich nicht mit ins Kino kommen, ich bin von 18 bis 20.30 Uhr beim Training.
Bis bald, Holger

c) Hey Peter, vielen Dank für das schöne Wochenende in München! Wann kommst du nach Hamburg? LG Simone

d) Andreas
einkaufen,
Wohnung putzen,
kochen,
Oma um 23.15 vom
Bahnhof abholen

b) Hören Sie noch einmal und markieren Sie die Reaktionen mit ☺ ☺ ☹.

○ Hallo, Holger! Wie war dein Wochenende?
□ ○ Geht so. Ich hatte ein Spiel.
○ Und, wie war's?
□ ○ Furchtbar! Eine Katastrophe!
○ Wieso das denn? Erzähl mal!
○ Wir haben 0:5 verloren!
□ ○ Echt? 0:5! Wie peinlich!
○ Ja, und das gegen den FC Schwabhausen!
□ ○ Das gibt's doch gar nicht!

○ Guten Morgen, Frau Bauer.
Na, Sie sehen aber erholt aus!
○ Danke, ich war ja am Wochenende auch in München.
□ ○ In München? Nicht schlecht.
○ Ja, wir waren auf dem Viktualienmarkt, in der Frauenkirche und natürlich im Biergarten. Herrlich war das!
○ Oh ja – das glaube ich gerne.
○ Mmh, aber am besten hat mir der Englische Garten gefallen.
□ ○ Das kann ich mir vorstellen.
Und bei dem Wetter – wie schön!
○ Ja, aber zwei Tage sind für die Stadt viel zu wenig.
○ Das stimmt.

4 Freizeit und Hobbys

2 Mit Emotionen sprechen.
Sprechen Sie den Text laut: traurig, aufgeregt, gelangweilt oder erfreut. Die anderen im Kurs raten. Dann hören Sie die CD.

Was ist das? Ich rede. Du redest. Er redet ständig. Sie redet. Sie redet laut. Sie redet sehr laut. Wir reden. Ihr redet auch. Sie reden. Alle reden. Wovon? Von nichts.

3 Ausrufe

a) Welche Sätze passen zu den Bildern? Ordnen Sie zu und setzen Sie die Ausrufe ein.

1. .... , ich habe mich geschnitten!
2. .... , in meinem Bett ist eine Spinne!
3. .... , jetzt ist die Vase kaputt!
4. .... , was ist denn das?
5. .... , wir haben im Lotto gewonnen!

b) Hören Sie und kontrollieren Sie Ihre Lösung. Sprechen Sie die Sätze mit Gefühl nach.

c) Notieren Sie weitere Sätze und lesen Sie sie vor. Der Kurs antwortet mit einem Ausruf.

4 Ausrufe international.
Ergänzen Sie die Tabelle mit Beispielen aus anderen Sprachen.

	Deutsch	Englisch	Tschechisch	Spanisch	Japanisch	Ihre Sprache
🕷	iih	yuk	pfui	qué asco	gee / uah	
🔪	aua	ouch	aua	ay	itai	
🍰	mmh	yum-yum	hmm	qué rico	oishi	

5 Was freut Sie? Was ärgert Sie?
Schreiben Sie einen Ich-Text. Vergleichen Sie im Kurs.

Ich ärgere mich oft über die Ämter. Man muss so lange warten.

im Beruf – beim Einkaufen – auf Partys

In Deutschland / Österreich / der Schweiz / Zu Hause freue ich mich immer auf / über ...
Ich ärgere mich manchmal über ...
Ich rege mich manchmal auf über ...
Alle kümmern sich um ...
Niemand ...

4 Übungen

1 Sport als Hobby

a) Wie heißen die Sportarten? Schreiben Sie.

....

b) Welche Sportarten finden Sie auf den Seiten 70–71? Schreiben Sie sie in den Wortigel.

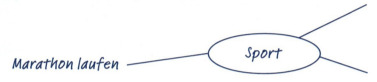

c) Welchen Sport machen Sie oder finden Sie interessant? Markieren und ergänzen Sie im Wortigel.

2 Drei Personen, drei Hobbys

🎧 1.24 a) Hören Sie die Interviews von Seite 70 noch einmal und ergänzen Sie die Informationen.

1. Die beste Marathon-Zeit von Ulf war ....
2. Der schönste Marathon für Ulf war der ....
3. Mit Zumba kann man .... und sich fit halten.
4. Jens geht .... in der Woche zum Zumba.
5. Ping hat Wandern in .... entdeckt.
6. Ping und ihre Freunde wandern oft .... Kilometer.

b) Wie finden Sie die Sportarten? Ordnen Sie die Adjektive zu.

lustig – langweilig – anstrengend – interessant – modern – gesund – cool – billig

1 Zumba tanzen   2 Marathon laufen   3 wandern

....

78 achtundsiebzig

3 Zeitungsmeldungen verstehen

a) Richtig oder falsch? Lesen Sie die Texte auf Seite 71 noch einmal und kreuzen Sie an.

	richtig	falsch
1. Der Deutsche Fußball-Bund hat mehr Mitglieder als die Fitness-Studios in Deutschland.	☐	☐
2. In Fitness-Studios in Österreich trainieren mehr als sieben Millionen Menschen.	☐	☐
3. Im Fitness-Studio zahlt man zwischen 20 und 60 Euro im Monat.	☐	☐
4. Fitness-Fans wollen ihre Fitness verbessern und den Körper in Form bringen.	☐	☐
5. Der Zermatt-Marathon ist in Kenia.	☐	☐
6. 2012 war der 11. Zermatt-Marathon.	☐	☐
7. Beim Zermatt-Marathon 2012 sind über 2000 Läufer gelaufen.	☐	☐
8. Daniela Gassmann-Bahr war mit 3:29:13 die schnellste Frau beim Zermatt-Marathon 2012.	☐	☐

b) Korrigieren Sie die falschen Aussagen aus a).

1. ....
2. ....
3. ....
4. ....

4 Freizeit

a) Wörter in Paaren lernen. Was passt zusammen? Verbinden Sie.

sich mit Yoga	1	a	singen
Gitarre	2	b	entspannen
schnell mit dem Auto unterwegs	3	c	informieren
sich mit Freunden im Park	4	d	sein
Briefmarken	5	e	treffen
Musik im Radio	6	f	spielen
in einer Band	7	g	sammeln
sich mit der Zeitung	8	h	hören

b) Was machen die Leute? Schreiben Sie Sätze mit den Wörtern aus a).

1   2   3   4

Sie ....

5   6   7   8

....

4 | Übungen Freizeit und Hobbys

5 Newsletter-Informationen zusammenfassen.
Lesen Sie den Newsletter auf Seite 72 noch einmal. Ergänzen Sie die Wörter in der Sprechblase.

> Gartenarbeit – Ruhe – Zeitunglesen – Yoga und Pilates – Information

Die beliebtesten Freizeitaktivitäten sind Telefonieren, Radiohören, Fernsehen und .... ¹. Viele Deutsche wollen Unterhaltung und .... ². Aber viele Deutsche wünschen sich auch mehr .... ³. Der Alltag ist stressig. Beliebte Hobbys sind daher z. B. .... ⁴. Gegen Stress hilft auch .... ⁵.

6 Ein Interview verstehen

1.25

a) Hören Sie das Interview mit dem Studenten Jovan Taneski aus Augsburg. Über welche Freizeitaktivitäten spricht er? Markieren Sie.

> Musik hören – Tennis spielen – heimwerken – in einer Band spielen – Gitarre spielen – tanzen – reiten – Handball spielen – Computer spielen – wandern – Briefmarken sammeln – Zeitschriften lesen – Fahrrad fahren – Bücher lesen – laufen gehen

b) Hören Sie noch einmal und beantworten Sie die Fragen.

1. Welche Hobbys hat Jovan? ....
2. Was macht Jovan nicht gern? ....
3. Was findet Jovan langweilig? ....
4. Was macht Jovan nie? ....

c) Lesen Sie das Interview auf Seite 141 und korrigieren Sie Ihre Antworten. Markieren Sie dann im Interview die Redemittel von Seite 72.

7 Über Sport sprechen

a) Textkaraoke. Hören Sie und sprechen Sie die 👄-Rolle im Dialog.
1.26

👂 ...
👄 Ich spiele gern Computer.
👂 ...
👄 Ich finde Gartenarbeit langweilig.
👂 ...
👄 Am liebsten treffe ich mich mit Freunden.

b) Und Sie? Was machen Sie gern in der Freizeit? Was finden Sie langweilig? Was machen Sie am liebsten? Schreiben Sie. Die Redemittel auf Seite 72 helfen.

> Ich interessiere mich für Literatur.
> Ich mag ...

4 Freizeit und Hobbys Übungen

8 Vor dem Ausgehen

a) Ergänzen Sie die Reflexivpronomen.

Sabrina und Markus haben ....¹ mit Freunden von Sabrina zum Essen verabredet. Sie freut ....² auf den Abend, aber Markus hat keine Lust.

💬 Markus, bist du schon fertig?

🗨 Ich muss ....³ noch rasieren und ich will ....⁴ noch umziehen.

💬 Mach bitte schnell, ich möchte nicht schon wieder zu spät kommen. Du weißt doch, Anne ärgert ....⁵ immer so schnell.

🗨 Jaaa. Warum treffen wir ....⁶ so oft mit Anne und Jörg?

💬 Nie interessierst du ....⁷ für meine Freunde! Du willst ....⁸ lieber mit deinen Freunden treffen, stimmt's?

🗨 Nein, ich mag deine Freunde. Ich unterhalte ....⁹ nur besser mit meinen Freunden.

💬 Ja, ich weiß. Aber komm jetzt endlich.

b) Hören Sie und kontrollieren Sie. Lesen Sie dann den Text laut.
1.27

9 Nach der Arbeit

a) Ordnen Sie die Zeichnungen den Wörter zu.

☐ sich beim Essen ausruhen ☐ nach Hause fahren
☐ sich duschen ☐ sich umziehen ☐ Sport machen

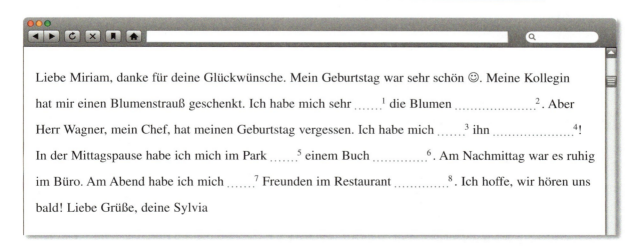

a   b   c   d   e

b) Was macht Sabrina wann? Schreiben Sie.

Zuerst fährt Sabrina nach Hause, dann ...

10 Mein Geburtstag. Lesen Sie die E-Mail von Sylvia und ergänzen Sie die Lücken.

sich verabreden mit – sich freuen über – sich entspannen mit – sich ärgern über

Liebe Miriam, danke für deine Glückwünsche. Mein Geburtstag war sehr schön ☺. Meine Kollegin hat mir einen Blumenstrauß geschenkt. Ich habe mich sehr ......¹ die Blumen ....². Aber Herr Wagner, mein Chef, hat meinen Geburtstag vergessen. Ich habe mich ......³ ihn ....⁴! In der Mittagspause habe ich mich im Park ......⁵ einem Buch ....⁶. Am Nachmittag war es ruhig im Büro. Am Abend habe ich mich ......⁷ Freunden im Restaurant ....⁸. Ich hoffe, wir hören uns bald! Liebe Grüße, deine Sylvia

4 Übungen Freizeit und Hobbys

11 Flüssig sprechen. Hören Sie und sprechen Sie nach.
1.28

1. gefährlich. – cool, aber gefährlich. – Skifahren ist cool, aber gefährlich.
2. super. – super, aber teuer. – Skydiving ist super, aber teuer.
3. ruhig. – schön und ruhig. – Malen ist schön und ruhig.
4. anstrengend. – gesund, aber anstrengend. – Laufen ist gesund, aber anstrengend.
5. spannend. – einfach und spannend. – Fotografieren ist einfach und spannend.

12 Volkstanzfreunde Köln e.V.

a) Lesen Sie die Internetseite der Volkstanzfreunde Köln e.V. und ordnen Sie die Begriffe den richtigen Abschnitten zu.

☐ weitere Freizeitaktivitäten
☐ die Geschichte
☐ die Tanzkleidung

Volkstanzfreunde Köln e.V.

Über uns | Termine | Bilder | Kontakt | Links

Über uns

Im Sommer 1983 haben wir uns zum ersten Mal getroffen und zusammen getanzt, seit 1991 sind wir ein Verein und heißen „Volkstanzfreunde Köln e.V.".
Unsere Tanzkleidung hat die Farben der Stadt Köln: Rot und Weiß. Die Frauen tragen eine weiße Bluse und einen roten Rock, die Männer tragen ein weißes Hemd und eine
5 schwarze Hose.
Wir treffen uns regelmäßig zum Tanzen, aber auch für andere Aktivitäten. Im letzten Jahr sind wir zum Beispiel eine Woche mit dem Fahrrad an der Donau entlanggefahren. Oder in Valencia, Spanien, haben wir eine Freundin und ihre Familie besucht. Manchmal gehen wir auch zusammen wandern. Tanzen, Wandern, Reisen –
10 wir machen in unserer Freizeit gern etwas zusammen.

b) Lesen Sie den Text noch einmal und sammeln Sie Informationen in der Tabelle.

Name?	Seit wann?	Tanzkleidung Frauen und Männer?	Weitere Freizeitaktivitäten?

13 Welcher Verein passt zu Mark?
1.29

a) Hören Sie das Gespräch zwischen Leyla und Mark. Über welche Vereine sprechen sie? Kreuzen Sie an.

☐ Agilitiy Team Cologne e.V. ☐ Fotowerkstatt Köln ☐ Reitverein Porz e.V.
☐ Volkstanzfreunde Köln e.V. ☐ Nordwest e.V. ☐ Konzertchor Köln e.V.
☐ Kölner Karnevalsverein „Unger uns" 1984 e.V. ☐ Rheinstars Köln

b) Was möchte Mark machen und was kann oder möchte er nicht machen? Hören Sie noch einmal und ordnen Sie zu.

Basketball spielen – tanzen lernen – Sport machen – Karneval feiern – schwimmen – reiten

Das möchte Mark machen:	Das kann/möchte Mark nicht machen:

14 Die Deutschen und ihre Vereine. Lesen Sie den Text auf Seite 75 noch einmal. Warum findet Ziwei die Deutschen „vereinsverrückt"? Kreuzen Sie an.

a ☐ Es gibt in Deutschland viele Vereine für verrückte Personen.
b ☐ Es gibt viele verrückte Vereine in Deutschland.
c ☐ Die Deutschen verbringen viel Zeit in Vereinen, sie sind verrückt nach ihren Vereinen.
d ☐ Die Deutschen sind verrückt, weil es zu viele Vereine in Deutschland gibt.

15 Indefinita. Was mag meine Familie (nicht)? Schreiben Sie sechs Sätze.

Alle Viele Wenige Niemand	mögen/mag machen/macht	(gern)	klassische Musik. die Bilder von Picasso. Spaghetti. Sport. Hunde. Gedichte. Urlaub am Meer. Familienfeiern. lange Spaziergänge.

1. Alle mögen Spaghetti.
2. ...

16 Montagmorgen in der Firma

a) Was passt zusammen? Verbinden Sie und kontrollieren Sie mit den Texten auf Seite 76.

ein Spiel 1 — b verlieren
eine Wohnung 2   a lesen
beim Training 3   c abholen
jemanden vom Bahnhof 4 d sein
ein Buch zu Ende 5   e putzen

b) Was ist richtig? Hören Sie den Dialog von Seite 76 mit Frau Bauer noch einmal und kreuzen Sie an.

1. Frau Bauer war
   a ☐ eine Woche im Urlaub.
   b ☐ ein Wochenende in München.
   c ☐ ein Wochenende in Hamburg.

2. Frau Bauer war
   a ☐ im Garten und einkaufen.
   b ☐ in der Frauenkirche zu einem Konzert.
   c ☐ auf dem Viktualienmarkt und im Biergarten.

3. Am besten hat Frau Bauer
   a ☐ der Englische Garten gefallen.
   b ☐ der Biergarten gefallen.
   c ☐ die Frauenkirche gefallen.

4. Für München sind zwei Tage
   a ☐ gut.
   b ☐ zu lang.
   c ☐ zu kurz.

4 Übungen Freizeit und Hobbys

17 Emotionen verstehen

a) Traurig, wütend, gelangweilt oder erfreut? Ordnen Sie die vier Emotionen den Fotos zu.

a 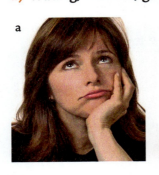 b  c  d

☐ .... ☐ .... ☐ .... ☐ ....

b) Hören Sie die Aussagen und ordnen Sie sie den Fotos zu.

c) Hören Sie noch einmal und sprechen Sie die Aussagen mit Gefühl nach.

18 Ausrufe

a) Ergänzen Sie die passenden Ausrufe: *Oh! Aua! Juhu! Iii!* und *Mist!*

1. ...., das tut weh!
2. ...., endlich Ferien!
3. ...., eine Spinne!
4. ...., mein Handy ist aus!
5. ...., was für schöne Blumen.

b) Hören Sie und kontrollieren Sie. Sprechen Sie die Sätze dann mit Gefühl nach.

19 Ein Kommentar

a) Lesen Sie den Kommentar und beantworten Sie die Fragen. Was arbeitet Frau Künzle? Was sind ihre Interessen? Gefällt ihr die Arbeit?

Kommentar des Tages
von der Trainerin Giulia Künzle

Ich interessiere mich sehr für Sport, ich bin Trainerin in einem Sportverein in Luzern. Ich mag meine Arbeit. Ich freue mich z. B. über die Erfolge der Kinder. Wir lachen viel zusammen. Und die Kinder und ich, wir freuen uns oft aufs Training. Aber manchmal rege ich mich auch über die Kinder auf. Manchmal sind sie laut und hören nicht zu. Das mag ich nicht. Aber das ist wahrscheinlich normal! Es ist ein toller Beruf und ich mag meinen Job!

b) Lesen Sie noch einmal. Was freut Giulia Künzle? Was ärgert sie? Schreiben Sie.

4 Freizeit und Hobbys Übungen

Fit für Einheit 5? Testen Sie sich!

Mit Sprache handeln

über Hobbys und Interessen sprechen

💬 Ich male gern und du?   🗨 Am liebsten ....

💬 Was findest du langweilig? 🗨 ....   ▶ KB 1.2, 2.1–2.3, 2.7

vergleichen

💬 Viele sind bei uns im Sportverein? 🗨 Bei uns ....

💬 Nur wenige Leute ....   ▶ KB 3.3–3.5

Wortfelder

Hobbys und Interessen

Tennis spielen, im Chor singen, ...   ▶ KB 1.1, 2.1

Vereine

Gesangsvereine, ...   ▶ KB 3.2, 3.3

Grammatik

Reflexivpronomen

Ich muss .... noch umziehen.   Am Wochenende erholen wir ....

Hast du .... über die Blumen gefreut?   Wo trefft ihr .... ?   ▶ KB 2.4–2.6

Zeitadverbien (zuerst – dann – danach)

.... ruhe ich mich aus.   .... trinke ich etwas.   .... dusche ich mich.   ▶ KB 2.5

reflexive Verben mit Präpositionen

sich ärgern über, sich freuen auf, ...   ▶ KB 2.6

Indefinita (niemand – wenige – viele – alle)

.... steht am Montag gerne auf.   .... schlafen gerne lange.

.... Menschen gehen gerne zur Arbeit.   .... mögen freie Zeit haben.   ▶ KB 3.3–3.5

Aussprache

1.33

Emotionen verstehen und ausdrücken

☺   😐   ☹
Das hört sich gut an!   Geht so.   So ein Mist!
Toll! Nicht schlecht!   Oh nein!   ▶ KB 4.1–4.3

5 Medien im Alltag

Hier lernen Sie
▶ über Medien sprechen
▶ eine Grafik verstehen und auswerten
▶ auf eine Reklamation reagieren
▶ kurze Mitteilungen schreiben

1 „Alte" Medien – „neue" Medien

der MP3-Player

der Fernseher

das Radio — die Zeitung

die Schallplatte — das Grammophon

1 **Über Medien sprechen.** Welche Medien in der Collage kennen/benutzen Sie?

| ... | benutze
brauche
kenne | ich | oft/selten/nie/ jeden Tag.
gut/wenig/ gar nicht. |

2 **Medien nutzen.** Was machen Sie mit diesen Medien?

| mit dem Smartphone – mit dem Tablet – mit dem Radio – mit dem Notebook – ... | Musik hören – Mails schreiben – chatten – Filme ansehen – ... |

Mit dem Smartphone schreibe ich Mails.

sechsundachtzig

3 „Neue" Medien? Ordnen Sie die Medien in das Schema ein. Vergleichen Sie im Kurs.

Ü2–3

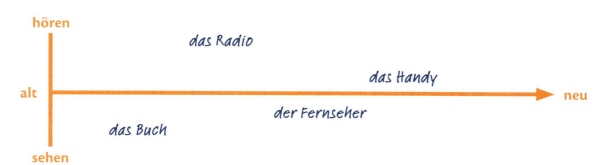

5 Medien im Alltag

2 Medien im Alltag

1 **Schon wieder vergessen?!**
Ü4 **Dr. Winter sagt warum.**

a) Lesen Sie die Wortwolke zu dem Ratgebertext unten. Was meinen Sie: Worum geht es?

b) Lesen Sie den Ratgebertext. Überprüfen Sie Ihre Vermutungen aus a).

Dr. Winter weiß es!

Kennen Sie das? Sie schreiben am Abend einen Brief, stecken ihn in einen Umschlag und
5 kleben die Briefmarke auf. Dann schreiben Sie die Adresse und den Absender auf den Umschlag und stecken den Brief in die Manteltasche. Am nächsten Morgen fahren Sie zur Arbeit. Sie laufen an
10 zwei Briefkästen und an der Post am Bahnhof vorbei. Abends kommen Sie nach Hause und ziehen den Mantel aus. Und was ist in der Tasche? Richtig. Der Brief! Mist! Sie haben den Brief nicht eingeworfen!

15 Aber das ist noch nicht alles: Am nächsten Tag passiert Ihnen das Gleiche.

Der Wiener Arzt Sigmund Freud (1856–1939) hat sich gefragt: Warum vergessen wir Dinge im Alltag? Seine Antwort: Weil wir
20 sie vergessen wollen. Wie war das also mit dem Brief? Der Brief war unangenehm. Vielleicht war es eine Entschuldigung, weil Sie so lange nicht geschrieben haben. Oder Sie müssen einen offiziellen Termin absagen.
25 Sie kennen den Grund für das Vergessen nicht. Aber Ihr Gehirn entscheidet: Dieser Brief bleibt in der Tasche!

c) Im Text gibt es eine zentrale Frage und eine Antwort. Markieren Sie und vergleichen Sie im Kurs.

2 **Wortfeld Brief.** Nomen und Verben – was passt zusammen? Suchen Sie die Nomen im
Ü5 Ratgebertext oben.

1. *einen* .... schreiben, lesen, einwerfen
2. .... aufkleben, kaufen
3. .... auf eine Karte oder einen Umschlag schreiben
4. an einem .... vorbeilaufen

3 **Was haben Sie schon oft vergessen?** Nennen Sie Beispiele und Gründe.

Was?	Grund
einen Namen	*zu lang,*
eine Telefonnummer	
ein Passwort	

Ich habe schon oft einen Namen vergessen, weil ...

5 Medien im Alltag

4 Nicht ohne mein Handy
Ü6–7

a) Lesen Sie die Grafik. Wozu nutzen Sie Ihr Handy (nicht)? Berichten Sie im Kurs.

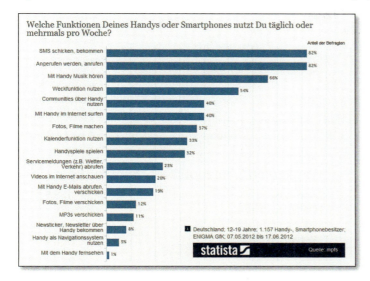

Die Weckfunktion brauche ich nicht, ich habe einen Wecker.

Ich verschicke keine E-Mails, aber Fotos.

Ich schicke täglich viele SMS.

Um 8 am Kino, Schatz?

b) Eine SMS schreiben heißt jetzt simsen. Simsen Sie und lesen Sie vor.

1. Ihr Chef hat morgen um 8.42 Uhr einen Flug nach Frankfurt. Erinnern Sie ihn.
2. Sie sind in der U-Bahn. Sie wollen um 9.30 Uhr etwas mit einer Arbeitskollegin besprechen, kommen aber fünf Minuten zu spät.
3. Ihre Freundin / Ihr Freund hat einen wichtigen Test. Sie denken an sie/ihn.
4. Sie fragen, ob Ihre Freunde morgen Lust auf eine Radtour haben.

> **Redemittel**
>
> **kurze Mitteilungen schreiben**
>
> *Entschuldigungen*
> Entschuldige! Kann morgen nicht. / Komme später. / Bin zu spät. / Bin gerade in einer Besprechung. / Bitte warte auf mich! / Bin gleich da! / Tut mir leid!
>
> *Vorschläge/Erinnerungen*
> Lust auf …? / Morgen um … am …? / Hast du Zeit? / Nicht vergessen: Treffen uns um … am …
>
> *Abschied*
> Bis gleich/dann/nachher! / Wir sehen uns später! / Freu mich auf dich!
>
> *Abkürzungen (informell)*
> DD: drück dich / BB: bis bald / DAD: denk an dich / HDL: hab dich lieb

5 Aussprache h

1.26
Ü8

a) In welchen Wörtern hören Sie das h? Markieren Sie.

das Haus – gehen – hören – das Handy – die Ruhe – ohne – der Hund – abholen

b) Üben Sie das h. Lesen Sie die Wörter laut vor.

das Hotel – wohnen – die Hand – halten – das Handy – die Apotheke – erholen – fahren – das Hemd anziehen – anhören

> **Regel** Das *h* nach einem langen Vokal spricht man nicht: *ge(h)en, der Fernse(h)er, o(h)ne, die Ru(h)e*

5 Medien im Alltag

3 Unterwegs im Internet

1 **Marktplatz Internet.** Vergleichen Sie den Zeitungsartikel und die Grafik. Ordnen Sie die passenden Wörter zu.

1. Reisen – 2. 48,6 Prozent – 3. Bücher – 4. im Internet – 5. 36,4 Prozent – 6. DVDs – 7. Musik-CDs

In Deutschland kaufen immer mehr Leute online ein. Am beliebtesten sind ☐3 und ☐ (59,9 Prozent). An zweiter Stelle folgt die Unterhaltungselektronik mit ☐. Digital- und Videokameras werden fast genauso häufig online wie im Laden gekauft. Auch die Bestellung von ☐ ist bei den Internetkäufern beliebt. Fast die Hälfte der Computernutzer informiert sich ☐, ob es passende Reiseangebote gibt. Aber nur ☐ buchen ☐ und kaufen Tickets wirklich im Internet und drucken sie zu Hause aus. Warum?
Sie fragen sich, ob ihre Kreditkartennummer im Netz wirklich sicher ist.

Was kaufen Sie hauptsächlich im Internet ein?

Bücher/DVDs	59,9 %
Unterhaltungselektronik	48,6 %
elektrische Haushaltsgeräte	41,3 %
Kleidung/Schuhe/Accessoires	39,5 %
Hotelübernachtungen/Reisen	36,4 %
elektronische Spiele und Software	31,0 %
Eintrittskarten/Konzertkarten	31,0 %
Musik (CDs, mp3)	30,7 %
Kosmetik/Toilettenartikel	10,3 %
Möbel/Deko	7,9 %
Lebensmittel	3,7 %

Es wurden 19.941 Personen befragt. Mehrfachnennungen möglich. Quelle: Star Finanz, Oktober 2012

2 **Interviews.** Lesen Sie die Sätze. Hören Sie die drei Interviews und ordnen Sie zu.

Interviewpartner/in 1
Interviewpartner/in 2
Interviewpartner/in 3

a hat Bücher und Filme im Netz bestellt.
b möchte nicht mehr online einkaufen.
c ist Informatiker.
d hat einen Flug gebucht.
e kauft Lebensmittel online ein.
f bestellt oft Software im Internet.
g findet Online-Einkaufen praktisch.
h bestellt häufig Fahrkarten und Tickets online.
i hatte Probleme mit einer Buchung im Internet.

3 **Computerverben**

a) Lesen Sie die Definitionen und ordnen Sie die Verben zu.

einen Blog schreiben 1
mit Skype telefonieren 2
eine Mail schreiben 3
bei Google suchen 4
im Internet unterwegs sein 5
per Klick sagen, dass man etwas mag 6
eine Nachricht im Internetforum schreiben 7
eine SMS schreiben und verschicken 8

a surfen
b mailen
c googeln
d posten
e liken
f bloggen
g simsen
h skypen

b) Hören Sie die Verben und sprechen Sie sie nach.

4 Wie bitte? Was hast du gesagt?

1 Nachfragen mit *ob*. Üben Sie im Kurs.

1. Hast du ein Tablet?
2. Bringst du die neuen CDs mit?
3. Hast du die Software heruntergeladen?
4. Kommst du um drei ins Internet-Café?
5. Hast du schon mal Bücher im Internet gekauft?
6. Weißt du, was „file" auf Deutsch heißt?

2 Indirekte Fragen mit *ob*

a) Schreiben Sie die Sätze mit *ob* aus 1 und markieren Sie das Verb.

b) Ergänzen Sie die Regel.

Regel Der Nebensatz beginnt mit .... und das Verb steht ....

3 Indirekte W-Fragen

a) Vergleichen Sie die Dialoge. Was ist gleich, was ist anders?

1. ○ Kommst du morgen?
   ○ Entschuldigung, wie bitte?
   ○ Ich möchte wissen,
     ob du morgen kommst.

2. ○ Wann kommst du morgen?
   ○ Was hast du gesagt?
   ○ Ich möchte wissen,
     wann du morgen kommst.

b) Fragen Sie nach.

Ich möchte wissen, | wann, wo, ... / ob ...
Ich habe gefragt,

1. Wann hast du die Mailbox abgefragt?
2. Hast du die Datei gelöscht?
3. Wo hast du den Text gespeichert?
4. An wen hast du die E-Mail weitergeleitet?
5. Kannst du den Text drucken?
6. Wer hat eben angerufen?
7. Kannst du bitte die Kopfhörer abnehmen?

5 Schnäppchenjagd

1 Alles für alle. Lesen Sie den Landeskundekasten. Worum geht es?

> **Landeskunde**
>
> eBay ist weltweit der größte Online-Marktplatz. Dort kann man neue oder gebrauchte Sachen kaufen und verkaufen oder nach Schnäppchen suchen. Seit 1999 gibt es auch eBay-Seiten auf Deutsch. Man findet dort alles: alte Uhren, moderne Kunst, modische Kleidung und teuren Schmuck.

2 Marktplatz Internet. Was suchen und kaufen die Leute? Üben und variieren Sie.

Ü15

Meine Mutter		alte Uhren.
Mein Bruder	sucht meistens	gebrauchte Bücher.
Mein Kollege	kauft oft	interessante Kochbücher.
Meine Chefin	bestellt manchmal	billige Reisen.
Meine Freundin		altes Spielzeug.
		neue CDs.
		…

Meine Mutter kauft oft …

3 Eine Reklamation

a) Wer oder was ist ein Kuckuck? Wie sehen Kuckucksuhren aus? Wo kann man sie kaufen? Recherchieren Sie im Internet.

b) Lesen und hören Sie den Dialog. Was ist das Problem?

1.29

○ Guten Morgen. Mein Name ist Schneuder. Ich habe vor zwei Tagen eine neue Kuckucksuhr bei Ihnen gekauft. Die möchte ich reklamieren. Hier ist der Kassenzettel.
○ So – warum? Ist die Uhr kaputt?
○ Nein, die Uhr geht genau. Aber der Kuckuck …
○ Was ist mit dem Kuckuck?
○ Der Kuckuck sagt nichts.
○ Das ist ganz normal, ein Kuckuck sagt nichts.
○ Ja, aber das ist doch eine Kuckucksuhr.
○ Natürlich, was haben Sie denn gedacht?
○ Der Kuckuck singt auch nicht. Der ist kaputt. Hier steht, dass ich sechs Monate Garantie habe.
○ Ein Kuckuck singt nicht. Die Garantie ist für die Uhr, aber nicht für den Kuckuck.
○ Das ist ja unglaublich. Der Kuckuck funktioniert nicht, und ich möchte mein Geld zurück oder die Uhr umtauschen.
○ Hören Sie, das geht leider nicht. Geben Sie uns die Uhr mit dem Kuckuck und wir reparieren beide.
○ Aber die Uhr ist gar nicht kaputt, nur der Kuckuck.
○ Dann gehen Sie doch zum Tierarzt.

5 Medien im Alltag

4 Einen Pullover / Ein Handy/Radio reklamieren. Spielen Sie im Kurs.
Ü16–17

Redemittel

etwas reklamieren/umtauschen

Den/Das/Die … habe ich schon / ist zu klein / groß / ist kaputt / geht nicht.
… möchte ich umtauschen. / Können Sie … umtauschen/reparieren?
Bekomme ich das Geld zurück?
Hier ist der Kassenzettel. Ich habe noch Garantie.

auf eine Reklamation reagieren

Ja, … kann man reparieren/umtauschen. / Ich brauche den Kassenzettel.
Tut mir leid, … kann ich nicht reparieren/umtauschen.

5 Zeitungsanzeigen. Adjektive ohne Artikel im Nominativ und Akkusativ.
Lesen Sie die Anzeigen. Markieren Sie die Adjektive und ergänzen Sie die Tabelle.

Vermischtes

Alter Fernseher gesucht!
☎ 030 / 29 77 30 34

Verschenke altes Auto,
1972, VW-Käfer, fährt noch!
☎ 089-34 26 77

Teurer Goldring (18 Karat)
nur 120,– €! Angebote unter
Chiffre AG/4566

Verkaufe alten Fernseher,
suche neuen Heimtrainer.
Tel.: 0171 / 33 67 87 99

Wertvolle Briefmarkensammlung,
BRD ab 1949.
Angebote unter Chiffre LG/073.

Verkaufe alte Schallplatten
aus den 70er Jahren. Frank Zappa,
Janis Joplin, Bob Dylan und mehr.
Telefon: 0172 / 346 77 95

Grammatik

Singular	(der)	(das)	(die)
Nominativ	alt ……… Fernseher	alt ……… Radio	alt ……… Uhr
Akkusativ	alt ……… Fernseher	alt ……… Radio	alt ……… Uhr

Plural	(die)
Nominativ/Akkusativ	alt ……… Uhren/Radios/Fernseher

6 Selbsttest
Ü18–19

a) Ergänzen Sie die Adjektivendungen. Kontrollieren Sie die Artikel in der Wörterliste.

1. Verkaufe billig…. Notebook und groß…. Monitor!
2. Suche neu…. Auto: VW oder Opel.
3. Verkaufe antik…. schwarz…. Stühle.
4. Suche wertvoll…. Schmuck, 30er und 40er Jahre.
5. Verkaufe 50 gelb…. Tennisbälle.

b) Formulieren Sie vier Angebote und Anfragen wie im Beispiel.

7 Projekt Flohmarkt im Kurs. Was suchen Sie, was wollen Sie verkaufen?

5 Übungen

1 Medien nutzen
1.34

a) **Hören Sie die Interviews. Über welche Medien sprechen Helge, Aaron und Samir? Schreiben Sie.**

Helge: Zeitung,

b) **Wer sagt was? Ordnen Sie die Aussagen zu: Helge (H), Aaron (A) oder Samir (S).**

1. ☐ Ich habe seit einem Jahr ein Handy.
2. ☐ Ich sehe fast täglich fern.
3. ☐ Ich lese oft Bücher.
4. ☐ Manchmal höre ich Schallplatten.
5. ☐ Ich benutze sehr oft mein Notebook.
6. ☐ Ich lese täglich die Zeitung.
7. ☐ Ich höre sehr selten Radio.

Helge P.

Aaron F.

Samir N.

2 Das Radio und seine Geschichte in Deutschland

a) **Lesen Sie die Broschüre und ordnen Sie die Fotos den Abschnitten zu.**

1. ☐ In Deutschland gibt es 1923 das erste Radioprogramm. Das Programm hören aber nur etwa 500 Personen.

2. ☐ Ab 1933 kann jeder Deutsche ein Radio kaufen. Der „Volksempfänger" ist billig. Die Nationalsozialisten nutzen das Radio für ihre politische Propaganda und kontrollieren das Programm.

3. ☐ Seit den 1950er Jahren gibt es viele regionale Radiosender, z. B. den HR (Hessischer Rundfunk) und den WDR (Westdeutscher Rundfunk). 1952 sendet man in Deutschland auch das erste Fernsehprogramm.

4. ☐ Seit 1953 gibt es die Deutsche Welle (DW). Die Deutsche Welle berichtet über Deutschland und die Welt. Die DW kann man in der ganzen Welt hören. Sie sendet in 30 Sprachen.

5. ☐ Seit 1960 gibt es Radios kombiniert mit Schallplattenspielern.

6. ☐ Heute kann man mit verschiedenen Medien Radio hören und jeder kann selbst Radio machen, z. B. mit einem MP3-Player und einem Computer.

b) Was ist richtig? Lesen Sie noch einmal und kreuzen Sie an.

1. ☐ Das erste Radioprogramm hören nur wenige Personen.
2. ☐ Die Nationalsozialisten haben das Radioprogramm kontrolliert.
3. ☐ Zehn Jahre nach dem ersten Radioprogramm gibt es das erste Fernsehprogramm in Deutschland.
4. ☐ Die Deutsche Welle hört man in 30 Ländern.
5. ☐ In den 1950er Jahren gibt es nur regionale Radiosender.
6. ☐ Radio kann man heute auch mit dem Notebook oder dem MP3-Player hören.

Internettipp
Radio hören im Internet
Deutsche Welle: www.dw-world.de
ARD-Radio: www.ard.de/radio

3 Neue Medien: Vor- und Nachteile

a) Hören Sie die drei Kommentare. Was sind Vorteile, was sind Nachteile von neuen Medien? Ordnen Sie zu.

Vorteile	Nachteile

weniger Diskussionen – viele Informationen – E-Mails unterwegs lesen und schreiben – Medien im Unterricht einsetzen – mit Medien lernen

b) Welche Vor- und Nachteile von neuen Medien kennen Sie noch? Ergänzen Sie die Tabelle.

4 Warum vergessen wir Dinge im Alltag?

a) Lesen Sie den Ratgebertext von Seite 88 noch einmal. Welche Gründe nennt Dr. Winter? Kreuzen Sie an.

Wir vergessen Dinge, weil
☐ es keine wichtigen Dinge sind.
☐ wir viel Stress im Alltag haben und wir nicht an alles denken können.
☐ wir nicht gern an unangenehme Dinge denken.

b) Welche Gründe gibt es noch? Ergänzen Sie weitere.

5 Wortfeld Brief

a) Was macht der Mann? Ergänzen Sie.

einen ....

....

b) Was passiert wann? Schreiben Sie Sätze mit *zuerst, dann* und *danach*.

5 | Übungen Medien im Alltag

6 Eine Grafik beschreiben. Lesen Sie den Zeitungsartikel und vergleichen Sie ihn mit der Grafik auf Seite 89. Ergänzen Sie die Lücken.

MEDIEN

Handys im Alltag

Handys und Smartphones sind für Jugendliche sehr wichtig. Sie gehören zum Alltag und sind immer dabei: in der Schule und in der Universität, bei der Arbeit, beim Einkaufen, zu Hause oder beim Sport. Handys und Smartphones haben heute viele verschiedene Funktionen. Die wichtigsten Funktionen sind SMS schreiben und telefonieren. (........%)¹ der Jugendlichen schicken täglich oder oft pro Woche SMS und telefonieren mit dem Handy. Wichtig sind für die Jugendlichen auch die Weckfunktion (........%)², und das Surfen im Internet (........%)³. Nur wenige Jugendliche nutzen das Handy als Navigationssystem (........%)⁴, oder schauen mit dem Handy fern (........%)⁵.

7 Simsen

a) Lesen Sie die Mitteilungen. Markieren Sie die Redemittel von Seite 89 und schreiben Sie dann eine Antwort von Jana.

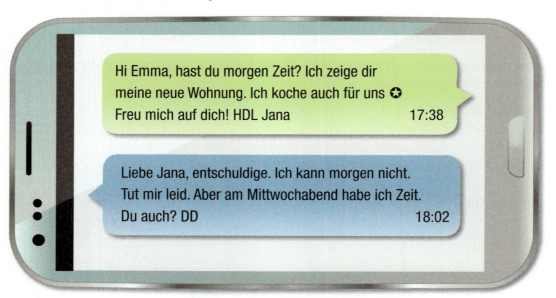

Hi Emma, hast du morgen Zeit? Ich zeige dir meine neue Wohnung. Ich koche auch für uns ☺ Freu mich auf dich! HDL Jana   17:38

Liebe Jana, entschuldige. Ich kann morgen nicht. Tut mir leid. Aber am Mittwochabend habe ich Zeit. Du auch? DD   18:02

b) **Schreiben Sie kurze Mitteilungen.**

1. Alina Mayer hat eine Konferenz. In der Pause schreibt sie eine SMS an ihren Freund Pit. Sie muss länger arbeiten. Pit soll schon das Essen machen.
2. Frau Salomon schreibt eine SMS an ihren Chef. Sie erinnert ihn an ein Treffen am nächsten Tag.
3. Alex Strunz hatte einen Unfall am Goetheplatz. Sein Auto fährt nicht mehr. Er schreibt eine SMS an seine Frau. Er möchte, dass sie ihn abholt.
4. Herr Bachmann ist auf Geschäftsreise. Sein Zug hat Verspätung. Er schreibt eine SMS an seine Geschäftspartner Frau Wang und Herrn Li. Sie sollen auf ihn warten.
5. Paul hat zwei Theaterkarten für morgen Abend. Er schreibt Mara eine SMS und fragt, ob sie mitkommt.

5 Medien im Alltag Übungen

8 Aussprache h

a) In welchen Wörtern hören Sie das *h*? Markieren Sie.

heißen – ausruhen – Hunde – fühlen – Hobby – mehr – abholen

b) Hören Sie und sprechen Sie die Sätze laut nach.

1. Hallo, ich heiße Hannah und ich habe mein Handy immer bei mir.
2. Ich höre jeden Tag Radio, mein Handy benutze ich aber noch mehr.
3. Lesen ist mein Hobby. Mit einer Zeitung kann ich mich gut ausruhen.
4. Ich wohne mit meiner Familie und meinem Hund in einem Haus in Hamburg.

9 Einkaufen im Internet. Lesen Sie die Grafik und den Text auf Seite 90 noch einmal und beantworten Sie die Fragen.

1. Was kaufen die Deutschen am meisten im Internet ein?
2. Wie viel Prozent der Deutschen kaufen Eintrittskarten oder Konzertkarten im Internet ein?
3. Warum buchen nur 17% ihre Reisen im Internet?
4. Was kaufen die Deutschen selten im Internet ein?

10 Probleme. Was sagt die Frau? Hören Sie das Interview 2 von Seite 90 noch einmal und kreuzen Sie an.

1. ☐ Ich kaufe nie im Internet.
2. ☐ Ich habe einmal einen Flug im Internet gebucht.
3. ☐ Im Flugzeug gab es keine Getränke.
4. ☐ Ich kaufe nicht noch einmal im Internet ein.

11 Computerverben

a) Lesen Sie den Dialog und ergänzen Sie die Verben.

| liken – posten – surfen – bloggen – skypen – mailen |

💬 Jeanne hat eine Nachricht bei Facebook gepostet. Das gefällt mir, ich _____¹ es.

🗨 Jeanne _____² häufig Nachrichten oder?

💬 Ja, sie _____³ gern im Internet. Sie und ihre Freundin Mandy schreiben einen Blog.

🗨 Cool, ich _____⁴ auch gern. Wollen wir mit Jeanne und Mandy morgen über Skype telefonieren?

💬 Ja, super ich _____⁵ ihnen, dass wir morgen _____⁶.

b) Und Sie? Was machen Sie wo? Ordnen Sie zu.

| Videos ansehen – mit Freunden telefonieren – Nachrichten posten – Filme ansehen – Fotos zeigen – mit Freunden chatten – Nachrichten kommentieren – Musik hören |

Facebook: .... Youtube: ....
Skype: .... Twitter: ....

5 | Übungen Medien im Alltag

12 Leiser bitte

a) Ordnen Sie die Sätze den Zeichnungen zu.

☐ Gefällt dir das Programm?
– Was hast du gefragt?
Ich habe gefragt,

ob dir das Programm gefällt.

☐ Findest du die Musik auch zu laut?
– Was hast du gesagt?
Ich möchte wissen,

....

☐ Übst du noch lange?
– Was hast du gesagt?
Ich möchte wissen,

....

☐ Kannst du bitte langsamer fahren?
– Was hast du gefragt?
Ich habe gefragt,

....

b) Beenden Sie die Sätze wie im Beispiel.

13 Computer

a) Welche Überschrift passt? Lesen Sie den Dialog und kreuzen Sie an.

☐ Im Internet einkaufen   ☐ Notebook-Probleme   ☐ Ein neues Notebook

💬 Daniel, kennst du dich eigentlich gut mit Computern aus?
💬 Hast du ein Problem mit deinem Notebook Lukas?
💬 Ich will mir ein neues Notebook kaufen.
💬 Was für ein Notebook möchtest du denn kaufen?
💬 Ich habe keine Ahnung.
💬 Wie viel Geld willst du bezahlen?
💬 Ich weiß es nicht. Kannst du morgen mit mir zusammen ins Geschäft gehen?
💬 Das können wir machen.

b) Schreiben Sie Sätze mit *ob* oder *dass* oder W-Fragen.

1. *Lukas fragt, ob sich Daniel mit ...*
2.
3.
4.
5.
6.
7.
8.

5 Medien im Alltag Übungen

14 **Die Internationale Funkausstellung in Berlin.** Schreiben Sie indirekte Fragen. Nutzen Sie die Satzanfänge.

Die Internationale Funkausstellung (IFA) ist die größte Messe für Radio und Fernsehen und andere elektronische Medien. Sie sind in Berlin – was möchten Sie wissen?

1. Wann beginnt die Messe?
2. Wo findet die Messe statt?
3. Ist der Eintritt für Studenten billiger?
5. Kann man die Produkte dort kaufen?

Es interessiert mich, …
Können Sie mir sagen, …
Wissen Sie, …

15 **Flüssig sprechen.** Hören Sie und sprechen Sie nach.

1.39

1. alte Schallplatten. – kauft alte Schallplatten. – Mein Vater kauft manchmal alte Schallplatten.
2. schönen Schmuck. – sucht schönen Schmuck. – Meine Freundin sucht meistens schönen Schmuck.
3. neue Fahrräder. – bestellt neue Fahrräder. – Meine Schwester bestellt selten neue Fahrräder.
4. gebrauchte Kleidung. – kauft gebrauchte Kleidung. – Mein Kollege kauft oft gebrauchte Kleidung.

16 **Umtauschen**

1.40

a) Hören Sie den Dialog. Welche Redemittel von Seite 93 hören Sie? Markieren Sie.

b) Hören Sie noch einmal und beantworten Sie die Fragen.

1. Warum möchte Merve den MP3-Player umtauschen?

   Merve möchte den MP3-Player umtauschen, weil …

2. Warum hat sie keinen Kassenzettel?
3. Wer hat den Kassenzettel?
4. Warum kann Merve den MP3-Player nicht umtauschen?

17 **Textkaraoke.** Eine Reklamation. Hören Sie und sprechen Sie die 👄-Rolle im Dialog.

1.41

👂 …
👄 Guten Tag. Ich habe letzte Woche bei Ihnen ein Notebook gekauft. Das möchte ich reklamieren. Es geht nicht mehr.
👂 …
👄 Ja, das habe ich schon gemacht, aber es funktioniert nicht. Der Monitor bleibt schwarz.
👂 …
👄 Auf dem Kassenzettel steht, dass ich sechs Monate Garantie habe.
👂 …
👄 Wie lange dauert das denn?
👂 …
👄 Gut, dann bringe ich Ihnen morgen das Notebook. Auf Wiedersehen.
👂 …

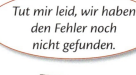

Tut mir leid, wir haben den Fehler noch nicht gefunden.

18 Anzeigen verstehen

a) Lesen Sie die Anzeigen und ergänzen Sie die Adjektivendungen.

1	**Smartphone mit Tasche** Verkaufe schick____ schwarz____ Smartphone mit Tasche. Funktioniert wie neu!	**50 Euro** 13357 Berlin Mitte
2	**Monitore, Computer, Drucker** Alt____ und neu____ Monitore, Computer und Drucker, modern____ Software, gut____ Beratung.	**ab 100 Euro** 10245 Berlin Friedrichshain
3	**Anrufbeantworter** Verkaufe modern____ Anrufbeantworter, schwarz, nicht benutzt.	**35 Euro** 10825 Schöneberg
4	**HD Kopfhörer** Blau____ und sehr leicht____ Kopfhörer. Sehr gut____ Qualität. Gut erhalten!	**89 Euro** 13086 Berlin Weißensee
5	**Fernseher HD 102 cm** Verkaufe neu____ Fernseher. Groß____ Monitor, sehr gut____ Bild, neu____ Technik.	**279 Euro** 10969 Berlin Kreuzberg

b) Welche Anzeige passt zu welcher Situation? Lesen Sie die Sätze und ordnen Sie zu.

1. ☐ Sie wissen nicht, ob Sie einen neuen oder gebrauchten Computer kaufen sollen. Sie brauchen Hilfe bei der Entscheidung.
2. ☐ Sie haben Ihr Handy verloren, aber der Vertrag läuft noch. Sie brauchen das Handy oft.
3. ☐ Ihre Freundin hat ein Telefon. Sie möchten ihr zu Hause Nachrichten hinterlassen.

19 Adjektive: ohne Artikel / mit unbestimmtem Artikel. Lesen Sie die E-Mail und ergänzen Sie die Adjektive.

Hi Bea, wie geht es dir? Uns geht es gut, die Wohnung ist fast fertig, es fehlen nur noch ein paar Sachen.

Wir brauchen z. B. noch einen _____¹ (neu) Fernseher. Morgen gehen wir in ein _____² (groß) Kaufhaus. Ich möchte auch noch einen _____³ (billig) MP3-Player kaufen.

Und Gunnar interessiert sich sehr für _____⁴ (altmodisch) Radios. Er spricht nur noch von _____⁵ (alt) Radios, du kennst ihn ja! Es gefällt ihm, dass es in diesen Radios _____⁶ (modern) Technik gibt. Er möchte sehr gern so ein _____⁷ (toll) Radio kaufen, aber es ist zu teuer.

Ich denke, wir kaufen nur einen _____⁸ (klein) Fernseher und vielleicht einen _____⁹ (billig) MP3-Player. Telefonieren wir am Wochenende?

Viele Grüße, Sabine

5 Medien im Alltag Übungen

Fit für Einheit 6? Testen Sie sich!

Mit Sprache handeln

über Medien sprechen

💬 *Mein Notebook benutze ich jeden Tag.*

💭 .... ▶ KB 1.1

kurze Mitteilungen schreiben

Entschuldigungen: ....

Vorschläge: .... ▶ KB 2.4

etwas reklamieren/umtauschen

Kann ich den Fernseher umtauschen?, ... ▶ KB 5.3, 5.4

Angebote und Anfragen machen

Suche .... ▶ KB 5.5 – 5.7

Wortfelder

Medien

das Smartphone, der Computer, ... ▶ KB 1.1 – 1.3

Computer/Internet (bloggen – posten – liken)

einen Blog schreiben: ...., per Klick sagen, dass man etwas mag: ....,

eine Nachricht in einem Internetforum schreiben: .... ▶ KB 3.3

Grammatik

indirekte Frage mit *ob*

Gibst du mir das Tablet? Ich habe gefragt, ... ▶ KB 4.1, 4.2

indirekte W-Fragen

Wann kaufst du den Fernseher? Ich habe gefragt, ... ▶ KB 4.3

Adjektivendungen im Nominativ und Akkusativ ohne Artikel

Verschenke groß... Monitor. Billig... Radio zu verkaufen. Suche schön... alt... Uhr. ▶ KB 5.5, 5.6

Aussprache

1.42

Aussprache h

das Haus – gehen – hören – das Handy – die Ruhe – ohne – der Hund – abholen ▶ KB 2.5

6 Ausgehen, Leute treffen

Hier lernen Sie
▶ Freizeit: sagen, worauf man Lust hat
▶ eine Speisekarte lesen
▶ etwas im Restaurant bestellen
▶ über das Kennenlernen und über Kontakte sprechen

Wohin am Wochenende?

Tamina Schubert, 21, Potsdam

Ich treffe mich oft mit meinen Freundinnen in der Stadt. Wir gehen zum Italiener Eis essen oder einen Latte Macchiato
5 trinken und unterhalten uns über Leute, die wir kennen. Freitags gehen wir oft in einen Club, zum Beispiel ins „Waschhaus". Da gibt es House, Black und Hip-Hop. Wir
10 tanzen fast die ganze Nacht. Ist doch egal – wir müssen ja am nächsten Tag nicht arbeiten! Manchmal gehen wir auch zum Tanzen ins „Studio Latino". Das ist mal was anderes, und Salsa und Merengue sind cool.

 2
 3

48

1 Ausgehen – nicht nur am Wochenende

1 Freunde treffen.
Wann und wo treffen Sie Ihre Freunde?
Sammeln Sie.

Meistens am Abend zu Hause.

Im Sommer oft im Schwimmbad.

2 Wohin gehen Sie am Wochenende? Lesen Sie die Wochenendtipps und ordnen Sie die Fotos zu. Welche Wörter in den Texten passen zu den Bildern?

einhundertzwei

WOCHENENDTIPPS

6

Thomas Burri, 42, Beata Stöckler-Burri, 36, Bern

Freitags gehen meine Frau und ich oft ins Theater oder in die Oper, weil wir ein Kulturabonnement haben. Im Frühling gibt es hier in Bern immer ein internationales Jazz-Festival, das in der Schweiz sehr
5 bekannt ist. Da gehen wir natürlich hin und treffen uns mit Freunden, die auch Jazzfans sind. Unsere Freunde besuchen wir auch am Wochenende oder sie kommen zu uns. Wir
10 kochen dann zusammen. Das ist billiger als das Essen im Restaurant, und wir haben eine Menge Spaß.

Andreas Studer, 70, Bielefeld

Mein Wochenende beginnt am Donnerstagabend um 19.30 Uhr. Dann gehe ich zum Stammtisch in das Restaurant
5 „Zur goldenen Traube" und treffe mich mit alten Freunden und Kollegen. Wir spielen Karten, meistens Skat, trinken ein Bierchen oder zwei und unterhalten uns über
10 Politik und was sonst so auf der Welt passiert.

3 **Informationen sammeln.** Ergänzen Sie die Tabelle.
Ü1

	Tamina	Thomas und Beata	Andreas
Wohin?			
Was?			

4 **Einen Abend planen. Worauf haben Sie Lust?**
Ü2–4

Redemittel

einen Abend planen

| Ich habe Lust auf | Kino / Theater / ein Konzert / eine Pizza / Fernsehen / Kartenspiele. |
| Ich würde gern | essen gehen / in einen Jazz-Club gehen / zu Hause bleiben und eine DVD gucken / mit Freunden kochen. |

einhundertdrei

in die Kneipe gehen

Billard spielen

eine Lesung besuchen

ins Stadion gehen

6 Ausgehen, Leute treffen

2 Im Restaurant

1 Mein Lieblingsrestaurant

a) Wohin gehen Sie gern essen?

> Ich gehe gern zum Italiener.

> Ich gehe am liebsten Griechisch essen.

> Wir gehen manchmal mit den Kindern zu „Burger Queen".

b) Mit wem gehen Sie dort essen? Was essen Sie dort gern?

2 Im Restaurant „Zur goldenen Traube"

a) Lesen Sie die Speisekarte und beantworten Sie die Fragen.

Restaurant „Zur goldenen Traube"
Im Spiegeltal 25, 38717 Wildemann

Suppen
Gulaschsuppe mit Brot	3,80 €
Tomatensuppe mit Sahnehaube	3,80 €

Kleine und kalte Gerichte
Wurstplatte mit Bauernbrot und Gurke	7,60 €
„Toast Hawaii": Schinken und Ananas auf Toast mit Käse überbacken	6,50 €
Ofenkartoffel mit Kräuterquark	7,30 €

Spezialitäten
Rumpsteak mit Grilltomate, Kartoffelkroketten und Salatteller	14,90 €
Wiener Schnitzel mit Pommes Frites und Salatteller	12,20 €
Rindsroulade mit Rotkraut und Klößen	9,85 €
Fisch-Pfanne mit Bratkartoffeln	8,90 €

Gemüse und Salate
Großer gemischter Salatteller mit Putenbruststreifen	7,50 €
Verschiedene Salate mit Käse, Ei, Brot	7,50 €
Gemüseauflauf mit Käse überbacken	8,50 €

Für die Kleinen
„Käpt'n Bär": Fischstäbchen mit Kartoffelsalat	3,50 €
„Mickymaus"-Teller: Grillwürstchen mit Pommes Frites und Ketchup	3,50 €

Desserts
Apfelstrudel mit Vanilleeis	4,00 €
Vanilleeis mit heißen Kirschen	4,80 €

Alkoholfreie Getränke
Coca-Cola, Fanta	0,2 l	1,50 €
Saft: Apfel, Orange, Tomate	0,2 l	2,00 €
Mineralwasser	0,25 l	1,80 €
Clausthaler Bier alkoholfrei	0,33 l	2,20 €

Alkoholische Getränke
Bier vom Fass	0,5 l	3,20 €
Rot-/Weißwein	0,25 l	3,50 €

1. Was kennen Sie, was nicht?
2. Welche Gerichte gibt es für Kinder?
3. Welche vegetarischen Gerichte gibt es?
4. Was mögen Sie gern, was gar nicht?

b) Hören Sie den Dialog und markieren Sie die Gerichte in der Speisekarte.

3 Vorspeise, Hauptspeise, Dessert. Wählen Sie ein Menü. Was kostet es?

Ausgehen, Leute treffen | 6

4 Bestellen

a) Hören Sie und lesen Sie. Welche Fotos passen zum Dialog? Kreuzen Sie an.

💬 Haben Sie schon gewählt?
👤 Ja, ich hätte gern ein alkoholfreies Bier und das Rumpsteak mit Grilltomate. Und vorher eine Gulaschsuppe, bitte.
👤 Für mich das Wiener Schnitzel mit Salat und noch einen Apfelsaft, bitte.
👤 Kann ich vielleicht Pommes Frites statt Kartoffelkroketten haben?
💬 Aber natürlich.

b) Andere Getränke, andere Gerichte. Variieren Sie den Dialog. Die Speisekarte hilft.

5 „Sprachschatten". Ihr/e Partner/in bestellt. Spielen Sie Echo.

💬 Ich hätte gern die Tomatensuppe.   👤 Für mich bitte auch die Tomatensuppe.
💬 Ich hätte gern die Wurstplatte.   👤 Für mich bitte auch die …

6 Zungenbrecher. Wer spricht am schnellsten? Hören Sie und sprechen Sie nach.

tschechische Skifreunde – frische chinesische Shrimps – Schweizer Schokoladenstatistik – österreichische Skischule – portugiesische Spezialitäten – schwedische Schneeschuhe

7 Rollenspiel: Mit der Familie / Mit Freunden im Restaurant. Verteilen Sie die Rollen, wählen Sie ein Menü aus und bestellen Sie. Die Redemittel helfen.

Redemittel

im Restaurant

nach Wünschen fragen
Was kann ich Ihnen bringen?
Haben Sie schon gewählt?

etwas bestellen
Ich hätte / Wir hätten gern …
Ich möchte … / Ich nehme … /
Noch ein/e/en …, bitte.

sich über etwas beschweren
Der/Das/Die … ist/sind kalt / zu salzig.
Können Sie mir bitte noch eine Gabel /
ein Messer / einen Löffel / Pfeffer/Salz
bringen?

sich entschuldigen
Das tut mir leid. Ich nehme es zurück.
Ich bringe Ihnen sofort die Gabel / …
Einen Moment bitte, ich frage in
der Küche nach.

nach dem Essen fragen
Schmeckt es Ihnen? / Sind Sie zufrieden?

das Essen kommentieren
Ja, danke, sehr gut. / Es geht.

3 Rund ums Essen

1 Von Beruf Fachmann/-frau für Systemgastronomie

Ü10–11

a) Lesen Sie den Wörterbuchausriss und nennen Sie Beispiele.

> **Systemgastronomie,** die: Drei oder mehr Restaurants mit den gleichen Standards (→ Corporate Identity). Ziel ist, dass der Gast in jedem Restaurant die gleichen Produkte in der gleichen Qualität bekommt.

b) Lesen Sie das Porträt und beantworten Sie die Fragen.

Dario Lessing, 23, Fachmann für Systemgastronomie

Dario hat seine Ausbildung bei einer großen Restaurant-Kette gemacht. Die Restaurant-Kette, die für ihre Hamburger und Pommes bekannt ist, verkauft auf der ganzen Welt die
5 gleichen Produkte. Darios Ausbildung hat drei Jahre gedauert. Im Restaurant musste er kochen, Gäste beraten, Produkte bestellen, die Produktqualität kontrollieren und an der Kasse arbeiten. Im Büro hat er viel über Marketing ge-
10 lernt und Abläufe mitorganisiert. Weil ihm die Planung und Organisation viel Spaß gemacht haben, möchte er sich spezialisieren.

1. Wo hat Dario seine Ausbildung gemacht?
2. Wie lange hat die Ausbildung gedauert?
3. Wo hat er gearbeitet?
4. Welche Aufgaben hat ein Fachmann für Systemgastronomie?

c) Hören Sie das Interview. Welche Informationen sind neu?
1.33

2 Personen oder Sachen genauer beschreiben

Ü12–13

a) Ordnen Sie die Relativsätze zu.

Hauptsatz		Relativsatz
Ein Auszubildender ist <u>ein Mann,</u>	1	a <u>die</u> für Gäste im Restaurant kocht.
Eine Köchin ist <u>eine Frau,</u>	2	b <u>das</u> in Deutschland sehr beliebt ist.
Kaffee ist <u>ein Getränk,</u>	3	c <u>der</u> gerade eine Berufsausbildung macht.
Küchenhilfen <u>sind Leute,</u>	4	d <u>die</u> dem Koch in der Küche helfen.

b) Verbinden Sie die Sätze und sprechen Sie.

Ein Mann, der Eine Frau, die	Taxi fährt, Haare schneidet, Deutsch unterrichtet, ein Flugzeug fliegt, ein Restaurant organisiert, kranken Menschen hilft, Essen für Gäste kocht,	heißt	Taxifahrer/in. Friseur/in. Deutschlehrer/in. Pilot/in. Restaurantmanager/in. Krankenpfleger/in. Koch/Köchin.

3 Was ist das?

a) Relativpronomen. Ergänzen Sie die Sätze.

1. Ein „Gespritzter" ist in Österreich ein Getränk, ... aus Apfelsaft und Mineralwasser besteht.

2. Restaurantkritiker sind Journalisten, ... Essen im Restaurant testen.

3. Ein griechischer Bauernsalat ist ein Salat, ... aus Tomaten, Gurken, Paprika, Käse und Zwiebeln besteht.

Herr Ober, was ist das?

Das ist eine Fliege, ... in Ihrer Suppe schwimmt.

b) Ordnen Sie die Regeln zu.

           a   b   c

Latte Macchiato ist ein Getränk, **das** aus Milch und Kaffee besteht.

☐ Der Relativsatz ist ein Nebensatz. Das Verb steht am Ende.
☐ Der Relativsatz erklärt ein Nomen im Hauptsatz.
☐ Das Relativpronomen steht nach dem Komma.

4 Berufe beschreiben. Lesen Sie das Beispiel und verbinden Sie die zwei Informationen.

Der Koch: Er arbeitet im Restaurant „Krone". Er macht die besten Schnitzel in der Stadt.

> *Der Koch, der im Restaurant „Krone" arbeitet, macht die besten Schnitzel in der Stadt.*

1. Die Bäckerin: Sie hat gerade ihre Ausbildung beendet. Sie arbeitet jetzt in einer Bäckerei.
2. Die Journalistin: Sie hat einen Restaurantskandal aufgedeckt. Sie schreibt für die „Frankfurter Rundschau".
3. Der Kellner: Er bringt die Karte. Er ist sehr freundlich.

5 Spezialitäten: Wie macht man das?

a) Relativpronomen im Akkusativ. Lesen Sie das Beispiel und vergleichen Sie die Sätze.

Baklava: ein türkischer Kuchen; aus Mehl, Wasser, Nüssen und Zucker

Baklava ist ein türkischer Kuchen. Man macht **den Kuchen** aus Mehl, Wasser, Nüssen und Zucker.
Baklava ist ein türkischer Kuchen, **den** man aus Mehl, Wasser, Nüssen und Zucker macht.

b) Beschreiben Sie wie in a).

Toast Hawaii: ein Toast; aus Toastbrot, Schinken, Ananas und Käse
Sushi: eine japanische Spezialität; aus Reis, Gemüse und Fisch
Käse-Fondue: ein Schweizer Gericht; aus Käse, Wein und Brot
Tsatsiki: eine griechische Soße; aus Joghurt, Gurke und Knoblauch

c) Und was sind „Wiener", „Amerikaner", „Kameruner" und „Krakauer"? Recherchieren Sie und beschreiben Sie im Kurs.

d) Und Ihre Spezialität? Berichten Sie.

4 Leute kennenlernen

1 **Im Büro, in der Kneipe, auf der Straße, im Internet ...** Wo kann man heute Leute kennenlernen? Wo haben Sie Partner und Freunde kennengelernt?

> **Redemittel**
>
> **über das Kennenlernen sprechen**
>
> Leute kann man am besten ... kennenlernen.
> Am besten geht man in ...
> Ich habe ... in ... kennengelernt. Wir haben uns in ... getroffen.
> Das ist bei uns nicht so einfach.
> Bei uns kann ich als Frau/Mann (nicht) ...

2 **Kennenlernen – Eine Biographie**

a) Sehen Sie die Fotos an, sammeln Sie Informationen und schreiben Sie: Was sagen die Fotos über Anneliese, Werner und ihre Familie?

a
b — Die Kinder haben uns viel Freude gemacht.
c — Unsere große Familie. Mit ihnen haben wir immer viel Spaß.
d — Im Ballhaus – ich habe die ganze Nacht mit ihm getanzt.
1970 Wir haben geheiratet.

b) Hören Sie das Interview und bringen Sie die Fotos in die richtige Reihenfolge. 1.34

3 **Kennenlern-Geschichten.** Schreiben Sie eine Geschichte. Eine eigene oder eine von Freunden, von berühmten Personen oder ... Berichten Sie im Kurs.

4 **Ich mit dir und du mit mir.** Ergänzen Sie die Personalpronomen im Dativ. Aufgabe 2 a) hilft.

> **Grammatik**
>
> | Nominativ | ich | du | er/es/sie | wir | ihr | sie/Sie |
> |---|---|---|---|---|---|---|
> | Dativ | mir | dir | ..../ihm/ihr | .... | euch | ..../Ihnen |

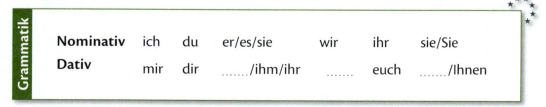

6 Ausgehen, Leute treffen

5 Vom Traumprinzen zum Partner

a) Lesen Sie den Zeitungsartikel schnell. Welche Aussage passt?

1. ☐ Es geht um Partnersuche mit dem Computer.
2. ☐ Es geht um Diskussionen mit anderen Computerfans.
3. ☐ Es geht um Tipps, wie man Leute in Kneipen oder Clubs kennenlernt.

Traumprinz oder Traumprinzessin per Mausklick?
Online Herzen gewinnen

Den ganzen Tag im Internet? Kein Wunder, dass immer mehr Menschen den Partner fürs Leben im Internet suchen. „Das Internet ist die Kontaktbörse Nr. 1", sagt Jan Becker von „friend-
5 scout24.de". Dort suchen schon über drei Millionen Menschen neue Freunde oder einen Lebenspartner und jeden Tag melden sich 12.000 neu an. „Es sind ganz normale Leute, die wenig Zeit haben für Kneipe, Club oder Sport", so Becker.
10 Der Experte für Online-Singlebörsen rät: „Seien Sie ehrlich! Beschreiben Sie sich so, wie Sie sind, und schicken Sie realistische Fotos. Man kann seinen Traumpartner nicht nach Alter, Hobbys und Geld im Internet bestellen. Wichtig in der ersten E-Mail: Sprechen Sie den Partner an.
15 Beschäftigen Sie sich mit ihm und sprechen Sie über interessante Hobbys oder den Beruf." Themen wie Ex-Männer und Ex-Frauen oder ernste Probleme sind tabu. „Finden sich die Internet-Flirter auch im wirklichen Leben sympathisch,
20 haben sie immer noch Zeit für diese Themen", so der Experte.

b) Welche Tipps gibt der Text? Was soll man (nicht) tun? Welche Tipps haben Sie?

c) Partnersuche im Internet. Schreiben Sie Ihr Partnerprofil.

– Welche Hobbys haben Sie?
– Machen Sie Sport? Welchen?
– Was essen Sie gern?
– Wie sind Sie? Notieren Sie drei Adjektive.
– Was mögen Sie gern?

6 Speed-Dating – so schnell kann man Leute kennenlernen

a) Lesen Sie den Magazin-Text. Notieren Sie sieben Fragen, die Sie beim ersten Kennenlernen stellen möchten.

Speed-Dating-Szene aus dem Film „Shoppen" (2007)

Speed-Datings gibt es in vielen Städten. Sieben Frauen treffen sieben Männer, lernen sich sieben Minuten lang kennen und wechseln dann zu einem neuen Gesprächspartner. In einer Stunde lernen Sie so sieben neue interessante Menschen kennen.
Und wie geht das? Sie melden sich mit Ihrem Partnerprofil auf einer Internetseite an. Passen genug Teilnehmer zu Ihrem Profil, bekommen Sie per E-Mail eine Einladung zu Ihrem *Speed-Dating*.

b) Machen Sie ein *Speed-Dating* im Kurs.

6 Übungen

1 Ausgehen

a) Orte zum Ausgehen. Sammeln Sie.

das Kino — Orte zum Ausgehen — der Club

b) Lesen Sie die Texte und die Wort-Bild-Leiste auf Seite 102 und 103 noch einmal und verbinden Sie.

sich mit Freunden	1	a	machen
Tickets an der Theaterkasse	2	b	treffen
die ganze Nacht	3	c	tanzen
in die Kneipe	4	d	abholen
einen Spieleabend	5	e	gehen
einen Tisch	6	f	unterhalten
sich über Politik	7	g	reservieren

c) Was machen Sie oft, manchmal, selten oder nie? Schreiben Sie sechs Sätze wie im Beispiel.

Ich treffe mich oft mit Freunden.

2 Tipps für den Feierabend

1.43

a) Welche Tipps passen? Hören Sie und ordnen Sie die Tipps den Aussagen zu.

- Meine Kollegen und ich wollen heute nach der Arbeit Live-Musik hören.
- Ich habe heute Lust auf einen ruhigen Kinoabend.
- Mein Mann und ich würden gern einmal wieder ins Theater gehen.
- Meine Freundin und ich tanzen im Verein, heute gehen wir tanzen.

b) Was ist richtig? Hören Sie noch einmal und kreuzen Sie an.

1. Das „Leben des Galilei" beginnt um
   - a ☐ 19.30 Uhr.
   - b ☐ 18.30 Uhr.
   - c ☐ 19 Uhr.

2. Die Salsa-Nacht findet
   - a ☐ im „Havanna Club" statt.
   - b ☐ in der Tanzschule „Ritter" statt.
   - c ☐ im Sportverein „Rot-Weiß" statt.

3. Das Per-Olof-Quintett
   - a ☐ kommt um 18 Uhr in den „Cuba Club".
   - b ☐ spielt am späten Abend im „Cuba Club".
   - c ☐ kommt heute nicht in den „Cuba Club".

4. Der Film „Meine Schwestern"
   - a ☐ beginnt um 17 Uhr und um 20.30 Uhr.
   - b ☐ dauert von 17.30 Uhr bis 20 Uhr.
   - c ☐ beginnt um 17.30 und um 20 Uhr.

3 Der perfekte Freitagabend

a) Hören Sie das Gespräch zwischen Ondrej und Melissa. Welche Ideen gibt es für den Freitagabend? Kreuzen Sie an.

1. ☐ mit Freunden kochen
2. ☐ ins Aquarium gehen
3. ☐ eine DVD gucken
4. ☐ eine Lesung besuchen
5. ☐ in eine Kneipe gehen
6. ☐ in einen Club gehen
7. ☐ Live-Musik hören
8. ☐ Musik machen
9. ☐ Billard spielen

b) Was möchten Melissa und Ondrej am Abend machen? Was finden beide gut? Hören Sie noch einmal und tragen Sie in die Tabelle ein.

Melissa	Ondrej	Melissa und Ondrej

c) Und Sie? Schreiben Sie Antworten wie im Beispiel.

1. Hast du Lust auf Fernsehen?
   Ja, ich habe am Freitagabend Lust auf ....
2. Hast du Lust auf Theater?
3. Hast du Lust auf ein Konzert?
   Nein, ich würde am Freitagabend nicht gern ....
4. Würdest du gern ins Stadion gehen?
5. Würdest du gern die ganze Nacht tanzen?

4 Ein Wochenende in Frankfurt planen.
Worauf haben Sie Lust? Lesen Sie das Programm und schreiben Sie einen Plan.

Samstag, 22. Oktober

FÜHRUNGEN
Japanische Kunst, 14 Uhr, Museum für Moderne Kunst, Tel. 06 17 17 95 78
Frankfurt zu Fuß, 15 Uhr, Konstablerwache, Fuehrung-Frankfurt@web.de

LITERATUR
400 Jahre Don Quijote, Michael Herl liest Cervantes, 20.30 Uhr, Romanfabrik, Hanauer Landstraße 186, Tel. 49 08 48 29
Juli Zeh, liest ihren Roman „Nullzeit", 16 Uhr, Alte Oper, Opernplatz, Tel. 13 40 400

KONZERTE
Die Fantastischen Vier, Hip-Hop, 20.30 Uhr, Festhalle Frankfurt, Ludwig-Erhard-Anlage 1, Tel. 76 32 87
Die Ärzte, Rock, 19.30 Uhr, Zoom, Bronnerstr. 5–9 , Tel. 36 67 48

CLUBS
DJ Tempomat, House, 22 Uhr, Frankfurter Botschaft, Westhafenplatz 6–8, Tel. 24 00 48 99
Felipe dB, Samba, 22 Uhr, Bastos, Gräfstraße 45, Tel. 70 72 00 04

OPER
Un ballo in maschera, von Verdi, 19.30 Uhr, Oper, Willy-Brandt-Platz, Tel. 13 40 400

Sonntag, 23. Oktober

THEATER
A Midsummer Night's Dream, von Shakespeare, 18 Uhr, English Theatre, Kaiserstraße 34, Tel. 24 23 16 20
Die Leiden des jungen Werthers, von Goethe, 19 Uhr, Willy-Brandt-Platz, Tel. 13 40 400

JAZZ & BLUES
Frühstück und Jazz, 11.30 Uhr, King Creole, Eckenheimer Landstraße 346, Tel. 54 21 72
Michael Flügel Quintett, 20 Uhr, Jazzkeller, Kleine Bockenheimer Straße 18a, Tel. 28 85 37

KLASSIK
Konzert, mit Musik von Fährmann, Mendelssohn, Liszt, Merkel u. a., 18 Uhr, Heiliggeistkirche, Kurt-Schumacher-Straße 23, Tel. 66 25 31
The Cleveland Orchestra, Werke von Mahler, 20 Uhr, Alte Oper, Opernplatz, Tel. 13 40 400

FLOHMARKT
Frankfurter Flohmarkt, ab 9 Uhr, Linleystr. am südlichen Ufer 34, Tel. 24 23 16 20

Am Samstag habe ich Lust auf eine Lesung. Ich gehe um 16 Uhr zu Juli Zeh. Danach habe ich Lust auf ein Konzert. Ich ....

6 | Übungen Ausgehen, Leute treffen

5 Essen gehen

a) Wo kann man essen gehen? Ordnen Sie die Wörter den Fotos zu. Ergänzen Sie dann weitere Wörter.

> das Restaurant – der Imbiss – die Kantine – das Café

1 .... 2 .... 3 .... 4 ....

b) Wo gehen Sie essen? Ordnen Sie die Wörter aus a) zu.

oft

gern ←――――――――――――――――→ *nicht so gern*

nicht so oft

6 Essen kochen und bestellen

a) Welche Gerichte zeigen die Fotos? Schreiben Sie. Die Speisekarte auf Seite 104 hilft.

b) Ich hätte gern…! Kombinieren Sie.

| Ich hätte gern | eine Frühlingssuppe, eine Gulaschsuppe, eine Käseplatte, eine Wurstplatte, einen „Toast Hawaii", | ein Rumpsteak ein Wiener Schnitzel einen gemischten Salatteller eine Fisch-Pfanne einen Gemüseauflauf | und | eine Coca-Cola. einen Orangensaft. ein Mineralwasser. ein Bier. eine Fanta. |

Ich hätte gern eine Frühlingssuppe, einen gemischten Salatteller und eine Coca-Cola.

7 Konsonanten-Menü

a) Hören Sie und sprechen Sie nach.

Rumpsteak mit Kartoffelkroketten – Rindfleisch mit Apfelstrudel – Bratwürstchen mit Klößen – Kartoffelsalat mit Käseplatte – Wiener Schnitzel mit Ketchup

b) Sprechen Sie die Wörter aus a) erst ganz langsam und dann immer schneller.

8 Gespräche im Restaurant

a) Hören Sie die Bestellung. Was bestellen Susanne und Leon? Kreuzen Sie an.

1. Susanne bestellt
   a ☐ einen großen Salatteller.
   b ☐ einen Salatteller ohne Käse.
   c ☐ einen Salatteller mit Käse.

2. Susanne hätte gern
   a ☐ die Fisch-Pfanne mit Bratkartoffeln.
   b ☐ Fischstäbchen und Bratkartoffeln.
   c ☐ die Fisch-Pfanne mit Kartoffeln.

3. Leon bestellt
   a ☐ nur den Gemüseauflauf.
   b ☐ die Tomatensuppe und den Gemüseauflauf.
   c ☐ die Frühlingssuppe und den Gemüseauflauf.

4. Leon und Susanne trinken
   a ☐ Bier und Mineralwasser.
   b ☐ zusammen eine Flasche Mineralwasser.
   c ☐ Mineralwasser und Coca-Cola.

b) Hören Sie noch einmal. Welche Redemittel von Seite 105 hören Sie? Markieren Sie.

9 Bestellen

a) Wer sagt was? Ordnen Sie die Aussagen zu: Ober (O) oder Gast (G)?

1. ☐ Was kann ich Ihnen bringen?
2. ☐ Oh, das tut mir leid. Darf ich Ihnen noch ein Wasser bringen? Das müssen Sie natürlich nicht bezahlen.
3. ☐ Ich hätte gern zuerst die Gulaschsuppe und dann die Ofenkartoffel mit Kräuterquark.
4. ☐ Sehr gern. Und was möchten Sie trinken?
5. ☐ Ich nehme ein großes Mineralwasser, bitte.
6. ☐ Und hier kommt die Ofenkartoffel. Hat Ihnen die Suppe geschmeckt?
7. ☐ Vielen Dank, die Suppe sieht gut aus.
8. ☐ Sie war leider etwas zu salzig.
9. ☐ So, die Suppe und das Mineralwasser. Bitte schön.

b) Schreiben Sie mit den Sätzen aus a) den Dialog fertig.

💬 Was kann ich Ihnen bringen?
💬 ...

10 Textkaraoke. Hören Sie und sprechen Sie die 👄-Rolle im Dialog. Schreiben Sie mit den Sätzen aus a) den Dialog.

👂 ...
👄 Ich hätte gern einen gemischten Salat mit Putenbruststreifen.
👂 ...
👄 Noch einen Toast mit Tomate bitte.
👂 ...
👄 Ich nehme einen Kaffee.

6 | Übungen Ausgehen, Leute treffen

11 Im Restaurant. Reagieren Sie. Es gibt verschiedene Möglichkeiten. Der Redemittelkasten auf Seite 105 hilft.

1. Haben Sie schon gewählt? ....
2. Was möchten Sie trinken? ....
3. Möchten Sie den Salat mit oder ohne Käse? ....
4. Schmeckt es Ihnen? ....
5. Kann ich Ihnen noch etwas bringen? ....

12 Fachmann für Systemgastronomie. Hören Sie das Interview aus 1c) von Seite 106 noch einmal. Was sagt Dario? Kreuzen Sie an.

1. ☐ Ich habe eine Ausbildung bei einer Restaurant-Kette gemacht.
2. ☐ Ich habe in der Ausbildung gekocht, aber ich habe auch viel im Service gearbeitet.
3. ☐ Ich habe Gäste beraten und Produkte kontrolliert.
4. ☐ Ich habe fast nur im Büro gearbeitet.
5. ☐ Die Ausbildung hat mir gut gefallen.
6. ☐ Ich möchte nach der Ausbildung studieren.

13 Beruf Bäcker/in

a) Lesen Sie den Zeitungsartikel und ergänzen Sie die Verben.

> bedienen – arbeiten – machen – beenden – beraten – dauern

Estela González Auszubildende des Monats

10. April 2014

Ich heiße Estela Gonzáles, komme aus Mexiko und ich wohne seit zwei Jahren in Schwerin. Ich mache eine Ausbildung zur Bäckerin. Die Ausbildung ....¹ drei Jahre. Jetzt bin ich im zweiten Jahr und nächstes Jahr ....² ich meine Ausbildung. Als Bäckerin arbeite ich in Bäckereien, Cafés oder Hotels. In der Ausbildung muss ich backen und im Service ....³. Ich muss Gäste ....⁴ und ....⁵. Ich sage ihnen z.B., welcher Kuchen zu welchem Fest passt. Meine Ausbildung ....⁶ mir viel Spaß und mein Chef ist sehr nett. Ich kann ihn immer alles fragen. Mein großer Traum ist es, eine eigene Bäckerei mit einem Café zu haben.

b) Was ist richtig? Lesen Sie noch einmal, kreuzen Sie an und markieren Sie das Relativpronomen.

1. ☐ Estela ist eine Deutsche, die in Mexiko lebt.
2. ☐ Estela ist eine Frau, die als Bäckerin arbeitet.
3. ☐ Bäcker sind Leute, die in Bäckereien oder Cafés arbeiten.
4. ☐ Estelas Chef ist ein Mann, der sehr freundlich ist.

Ausgehen, Leute treffen **Übungen** | **6**

14 Flüssig sprechen. Hören Sie und sprechen Sie nach.

1. Bäckerin. – Eine Frau ist Bäckerin. – Eine Frau, die Kuchen macht, ist Bäckerin.
2. Koch. – Ein Mann ist Koch. – Ein Mann, der in der Küche arbeitet, ist Koch.
3. Schülerin. – Das Mädchen ist Schülerin. – Das Mädchen, das ein Praktikum macht, ist Schülerin.
4. Verkäufer. – Die Auszubildenden sind Verkäufer. – Die Auszubildenden, die im Supermarkt arbeiten, sind Verkäufer.

15 Essen international. Kennen Sie das? Verbinden Sie die Sätze mit Relativpronomen.

1. Gado-Gado ist ein indonesisches Essen. Es besteht aus Gemüse, Eiern und Soße.
2. Halloumi ist ein Käse aus Zypern. Er passt gut zu Rucolasalat.
3. Die Litschi ist eine Frucht aus Südchina. Sie ist etwas größer als eine Kirsche.
4. Tacos sind kleine Snacks. Sie kommen aus Mexiko.

16 Die besten Cafés der Stadt

a) Lesen Sie und ergänzen Sie die Relativpronomen im Nominativ und Akkusativ.

Café Rossi

Ich sitze im Café „Rossi", ...¹ ich seit zwei Monaten kenne. Ich bestelle einen Cappuccino, ...² immer mit einem kleinen Wasser kommt. Ich bestelle auch noch den „Rossi-Kuchen", ...³ aus Nüssen und Kirschen besteht. Er ist sehr lecker und ich kann ihn nur empfehlen. Beliebt ist auch das „Rossi-Sandwich", ...⁴ man aus Käse, Rucola und Tomaten macht. Die Frau, ...⁵ im Café arbeitet, ist auch Sängerin. Am Freitagabend spielt sie mit ihrer Band im Café. Die Band, ...⁶ aus Italien kommt, ist ziemlich gut und es gibt immer sehr leckeres Essen. Ich bin glücklich über dieses schöne italienische Café.

b) Lesen Sie die Sprechblase und verbinden Sie die Sätze mit Relativpronomen im Akkusativ.

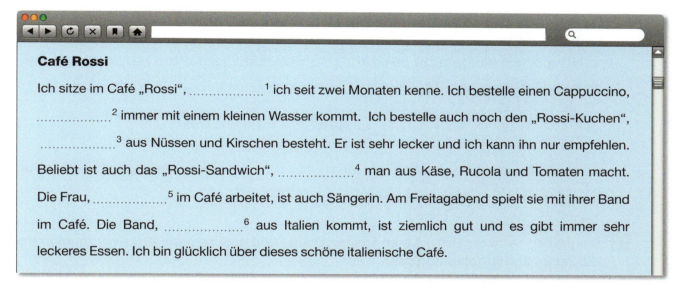

In meinem Lieblingscafé gibt es sehr guten Milchkaffee, den

In meinem Lieblingscafé gibt es sehr guten Milchkaffee. Man bekommt ihn immer mit einem kleinen Stück Kuchen. Am Sonntag gibt es drei verschiedene Kuchen. Ich finde sie super lecker. Manchmal gibt es auch Eis. Im Winter esse ich es am liebsten mit heißen Kirschen. Die Frau im Café heißt Sandra. Ich finde sie sehr nett.

6 | Übungen Ausgehen, Leute treffen

17 Leute kennenlernen

a) Lesen Sie den Chat. Welche Tipps bekommt Lisa? Finden sie die Tipps gut oder schlecht? Tragen Sie in die Tabelle ein.

gute Tipps	schlechte Tipps
....	....

www.neu-in-hannover.de

Neue Leute kennenlernen   Links ▼ Themen ▼ Ansicht ▼

LisaLustig	♀	Hallo, ich bin neu in Hannover und kenne noch nicht so viele Leute. Was meint ihr, wo lernt man am besten Leute kennen? Könnt ihr mir Tipps geben?
Ben	♂	Am besten lernt man Leute in einem Verein kennen. Ich habe viele Freunde im Tischtennisverein kennengelernt. Oder du gehst in eine kleine Kneipe, da gehen viele Leute alleine hin, mit ihnen kann man schnell reden.
Martin	♂	Ich komme auch aus Hannover, wir spielen jeden Mittwoch mit ein paar Singles Karten in der Bar „Rudi". Komm doch nächste Woche mit! Ich kann dir auch meine Nummer schicken.
Pedi	♀	Leute kennenlernen ist in der Großstadt nicht so einfach, auf dem Land geht das schneller. Ich habe meine beste Freundin bei der Arbeit kennengelernt, mit ihr mache ich viel.

b) Markieren Sie im Chat die Personalpronomen im Dativ.

c) Wer macht was mit wem? Ergänzen Sie die Personalpronomen im Dativ.

1. Lisa trifft sich mit Martin, sie geht mit .... in die Bar „Rudi". Sie lernt auch Martins Freunde kennen, die findet sie witzig. Mit .... versteht sie sich sofort gut.

2. Pedi und ihre Freundin sehen sich oft. Pedi geht mit .... jeden Mittwochabend zum Schwimmkurs. Der Lehrer ist nett, mit .... geht Pedi ins Kino.

3. Ben kennt viele Leute aus dem Tischtennisverein, mit .... geht er auch gerne auf Konzerte, weil es mit .... immer lustig ist.

18 Gespräche auf einer Party. Lesen Sie den Dialog und ergänzen die Relativpronomen und die Personalpronomen im Dativ.

- Siehst du den Mann, ... mit Henning spricht?
- Ja, das ist doch Christopher, ... mit .... Politik studiert. Ich habe mit .... ein Seminar zusammen. Warum?
- Ich habe mich am Mittwoch mit .... getroffen und er gefällt .... super. Wir haben uns gut unterhalten. Er ist süß oder?
- Ja, er ist nett. Oh, Henning und Christopher kommen, sie kommen zu ....
- Hallo! Henning und ich gehen morgen ins Theater und wir wollten fragen, ob ihr mit .... kommen wollt.
- Ja, gerne! Wir gehen gerne mit .... ins Theater.

6 Ausgehen, Leute treffen Übungen

Fit für Einheit 7? Testen Sie sich!

Mit Sprache handeln

sagen worauf man Lust hat

Ich habe Lust auf ....

Ich würde gern .... ▶ KB 1.4

etwas im Restaurant bestellen

💬 Was kann ich Ihnen bringen? 💭 ....

💬 Können Sie mir bitte noch eine Gabel bringen? 💭 ....

💬 Schmeckt es Ihnen? 💭 .... ▶ KB 2.7

über das Kennenlernen sprechen

💬 Wo kann man Leute am besten kennen lernen? 💭 ....

💬 Wo haben Sie Leute kennengelernt? 💭 .... ▶ KB 4.1

Wortfelder

Ausgehen

in den Club	1	a	abholen
eine Lesung	2	b	reservieren
einen Tisch	3	c	gehen
Tickets an der Theaterkasse	4	d	besuchen

▶ KB 1.2 – 1.4

im Restaurant

die Speisekarte, das Dessert, ... ▶ KB 2.1 – 2.4

Grammatik

Relativpronomen im Nominativ und Akkusativ

Ein Bauernsalat ist ein Salat, ... aus Tomaten, Gurken, Paprika und Käse besteht.

„Toast Hawaii" ist ein Toast, ... man aus Toastbrot, Schinken, Ananas und Käse macht.

▶ KB 3.3 – 3.5

Personalpronomen im Dativ

Christopher ist lustig, ich habe mich sofort gut mit .... verstanden.

Wir kommen mit Martin und dir nach Lissabon. Wir fahren mit .... in den Urlaub. ▶ KB 4.2, 4.4

Aussprache

1.50

Konsonantenhäufungen

Frische chinesische Shrimps – Schweizer Schokoladenstatistik ▶ KB 2.6

Station 2

1 Berufsbilder

1 Beruf *Webdesigner/in*

a) Ordnen Sie die Wörter den Beschreibungen zu.

Die Suchmaschine	1	a	oder das „world wide web" (www) ist ein anderes Wort für Internet.
Der Internetbrowser	2	b	verbinden Internetseiten. Man erkennt sie an den unterstrichenen Wörtern.
Der Internetsurfer	3	c	arbeitet in Werbe- und Multimedia-Agenturen und gestaltet z. B. Bücher, Zeitschriften oder Internetseiten.
Der/Die Mediengestalter/in	4	d	ist ein Mensch, der das Internet nutzt und sich verschiedene Internetseiten ansieht.
Die Links	5	e	ist ein Programm, mit dem man Internetseiten lesen kann.
Das Web	6	f	hilft bei der Recherche nach Informationen im Internet.

b) Lesen Sie das Berufsbild und fassen Sie die Aufgaben von Webdesignern/innen zusammen. Die Satzanfänge helfen.

1. Norbert ist Webdesigner. Webdesigner entwickeln …
2. Sie arbeiten mit …
3. Sie brauchen für ihre Arbeit …
4. Die Internetsurfer wollen …
5. Ein Webdesigner muss deshalb …

Norbert Arendt hat sich schon in der Schule für Computer und moderne Kunst interessiert. Er hat dann nach der Schule drei Jahre lang eine Ausbildung als „Mediengestalter Digital und Print" gemacht. Seit zwei Jahren arbeitet Norbert Arendt jetzt als Webdesigner bei der WinCom-Werbeagentur in Köln. Vorher war er bei Agenturen in München und Wien. Webdesigner entwickeln Internetseiten für Firmen, die ihre Produkte im Internet verkaufen möchten. Der Beruf ist sehr kreativ. Norbert Arendt arbeitet mit Texten, Bildern, Grafiken und Videofilmen, die er ins Internet stellt. Er muss alle Internetbrowser und Suchmaschinen kennen, und er braucht für seine Arbeit verschiedene Programme und „Internetsprachen". Er entwickelt besonders gern Vorschläge für das Farbdesign auf den Internetseiten. Weil sich Farbtrends verändern, kombiniert er immer wieder unterschiedliche Farben und Formen. Die Kunden wählen dann aus, was ihnen gefällt. Eine Internetseite muss aber nicht nur gut aussehen, sie muss auch funktional sein. Die Internetsurfer wollen sich schnell auf der Seite orientieren und Informationen finden. Zu viele Texte oder zu dunkle Farben machen die Orientierung schwer. Die Surfer finden nicht, was sie suchen und wechseln auf eine andere Internetseite. Norbert Arendt muss deshalb die Seiten von seinen Kunden „pflegen", also immer wieder testen und aktualisieren.

2 Eine Internetseite bewerten

a) Sehen Sie sich die Seite an. Wie finden Sie diese Seite?

Redemittel: etwas beschreiben

informativ
(un)übersichtlich
(nicht) interessant
(zu) voll
(zu) bunt
(zu) dunkel
(nicht) aktuell
(un)modern
…

b) Welche Informationen sind am wichtigsten? Wo stehen sie?

3 Lernstrategien: Recherchieren und Internetseiten lesen. Ordnen Sie die Schritte.

a) ☐ Informationen beurteilen: Auf welchen Seiten gibt es wichtige Informationen?
b) ☐ Die Stichwörter eingeben: Sind sie genau genug? Gibt es andere?
c) ☐ Eine Frage/Aufgabe formulieren: Was will ich wissen? Was weiß ich schon?
d) ☐ Internetseiten auswählen und überfliegen: Welche Seiten sind am interessantesten?
e) ☐ Stichwörter für die Suche formulieren: Welche Stichwörter sind am wichtigsten?

4 Strategien anwenden – Rechercheaufgaben

1. Suchen Sie im Netz Informationen über einen Sportler / eine Sportlerin aus Deutschland, Österreich oder der Schweiz (Name, Verein, Sportart etc.).
2. Wie ist das Wetter in Deutschland / in Ihrem Land?
3. Woraus macht man „Obatzda" und „Labskaus"?
4. Was ist und wo liegt Fehmarn?

2 Wörter – Spiele – Training

1 Interviewspiel: Hobbys und Freizeitaktivitäten

a) Fragen und notieren Sie. Die Tabelle für Spieler/in 2 finden Sie auf S. 126.

Was macht Stefan im Sommer?
Er schwimmt, …

Spieler 1	Stefan Weniger	Frau Gärtner	Und Sie?
im Sommer	schwimmen, joggen und Rad fahren		
im Winter		beim Skispringen zusehen und Schlitten fahren	
nach dem Sport	ein Brot essen und fernsehen		
abends		mit ihrer Freundin telefonieren, fernsehen	
nach der Arbeit		einkaufen, mit dem Bus nach Hause fahren	
sonntags	in der Band E-Gitarre spielen		

b) Und Sie? Ergänzen Sie in der Tabelle Ihre Hobbys/Freizeitaktivitäten und fragen Sie Ihre Partnerin / Ihren Partner.

2 Ein Laufdiktat. Diktieren und Korrigieren als Partnerarbeit.

a) Legen Sie in jede Ecke im Kursraum ein Kursbuch.
b) **Text A:** Kursteilnehmer 1 läuft zum Buch, liest einen Satz, läuft zurück und diktiert den Satz. Kursteilnehmer 2 schreibt.
c) **Text B:** Jetzt läuft Kursteilnehmer 2 und diktiert den Text B.
d) Korrigieren Sie die Geschichte zusammen.

Die Reklamation

Text A
Im Wiener Kaffeehaus bestellt ein Gast eine Suppe. Der Ober bringt die Suppe. Der Gast probiert und sagt: „Herr Ober, die Suppe ist nicht heiß genug. Bitte bringen Sie mir eine neue Suppe." Der Ober bringt nach fünf Minuten eine neue Suppe und stellt sie auf den Tisch. Der Gast probiert und sagt wieder: „Herr Ober, die Suppe ist immer noch nicht heiß genug. Bitte bringen Sie mir eine heiße Suppe."

Text B
Der Ober kocht vor Wut und bringt dem Gast eine dritte Suppe. Der Gast probiert sie aber nicht. Er sagt sofort: „Die ist mir auch nicht heiß genug." „Aber mein Herr," sagt der Ober, „woher wissen Sie das? Sie haben doch die Suppe gar nicht probiert." Der Gast: „So lange Sie den rechten Daumen beim Servieren in der Suppe haben, ist sie einfach nicht heiß genug."

der Daumen

Station | 2

3 Gedichte lesen und schreiben

1.35

a) **Hören und lesen Sie das Gedicht.**

Der schöne 27. September

Ich habe keine Zeitung gelesen
Ich habe keiner Frau nachgesehen
Ich habe den Briefkasten nicht geöffnet
Ich habe keinem einen guten Tag gewünscht
Ich habe nicht in den Spiegel gesehen
Ich habe mit keinem über alte Zeiten gesprochen und
Ich habe nicht über mich nachgedacht
Ich habe keine Zeile geschrieben
Ich habe keinen Stein ins Rollen gebracht[1]

Thomas Brasch

[1] etwas in Bewegung bringen

b) **Lesen Sie das Gedicht laut und betonen Sie die Verneinung.**

c) **Schreiben Sie Ihr Gedicht.**

4 Worträtsel

a) **Finden Sie die Wörter im Rätsel. Die Definitionen helfen.**

1. Dort treffen sich Menschen, die die gleichen Interessen haben. In Deutschland gibt es 580.298 ....

2. Immer mehr Menschen laufen einen *Marathon*. Er ist 42,195 km lang.

3. Das .... ist bei den Deutschen beliebter als ein Aquapark.

4. Ein Leben ohne .... können sich viele Menschen nicht mehr vorstellen.

5. Nicht immer ist das Essen im .... besser als zu Hause.

6. .... heißen die Bewohner einer deutschen Großstadt und eine Würstchensorte.

7. Immer mehr Menschen lernen ihren Traumpartner im .... kennen.

8. Manche Menschen finden Witze über ...., die in der Suppe schwimmen, gar nicht witzig.

F	R	A	N	K	F	U	R	T	E	R
C	E	E	R	C	L	X	X	M	V	A
T	S	C	H	W	I	M	M	B	A	D
X	T	N	S	S	E	Y	E	Y	U	A
B	A	Q	P	U	G	I	M	I	V	V
D	U	Q	V	X	E	J	A	M	L	S
X	R	I	E	S	N	N	R	G	T	Q
P	A	I	R	B	H	L	A	H	J	C
I	N	T	E	R	N	E	T	G	V	W
R	T	N	I	Y	M	I	H	I	S	C
B	J	E	N	B	J	K	O	C	Y	U
P	K	K	E	O	H	A	N	D	Y	F

b) **Machen Sie Rätsel mit Wörtern aus den Einheiten 1 – 6 und tauschen Sie sie im Kurs aus.**

3 Filmstation

1 Geocaching

a) **Was passiert wann?** Sehen Sie den Clip ohne Ton ab 00:40 und bringen Sie die Fotos in die richtige Reihenfolge.

b) Sehen Sie den Clip mit Ton und ordnen Sie die Nomen-Verb-Verbindungen den Fotos zu.

> den Schatz öffnen – mit dem Navigationsgerät den Schatz suchen – im Wald wandern – in das Notizbuch schreiben – den Schatz finden

Geocaching: Ein Hobby für die ganze Familie

Geocaching ist ein Spaß für die ganze Familie. Die Idee kommt aus den USA. Es gibt auf der ganzen Welt circa 7000 Verstecke in Städten oder auf dem Land. Im Internet bekommt man die Koordinaten, mit einem GPS-Navigationssystem sucht man dann den Schatz. Im Schatz sind häufig sehr teure Sachen, z. B. Geld. Wenn man den Schatz gefunden hat, nimmt man ein Teil heraus und legt ein neues Teil in die Kiste. Dann legt man den Schatz wieder zurück. Andere Personen können ihn dann auch noch suchen.

c) Lesen Sie die Informationsbroschüre. Zwei Informationen sind falsch. Markieren und korrigieren Sie.

2 Und Sie? Wo und mit wem wollen Sie Geocaching machen? Fragen und antworten Sie im Kurs.

> Ich habe Geocaching schon oft gemacht.

> Geocaching mache ich mit meinen Freunden, wir sind in der Natur, am liebsten in den Bergen.

> Ich will Geocaching in Südkorea machen, am liebsten in einer großen Stadt, z. B. in Seoul.

Station 2

3 Technik schön verpackt

a) Sehen Sie den Clip ohne Ton. Welche Medien sehen Sie? Kreuzen Sie an.

☐ der Laptop ☐ die DVD ☐ der MP3-Player ☐ das Handy ☐ das Telefon
☐ das Radio ☐ das Tablet ☐ der Computer ☐ der Fernseher ☐ das Smartphone

b) Lesen Sie die Jobbeschreibung, sehen Sie den Clip mit Ton und ordnen Sie die Wörter zu.

> Papier – die Farbe – das Design – ein Modell – dem Computer

Der Industriedesigner macht das Design für die Medien. Das wichtigste ist dabei der Käufer, denn

.... muss zum Käufer passen. Wenn es eine Käufergruppe ist, dann entwirft der

Designer erste Modelle. Er zeichnet zuerst auf ...., später dann mit ....

Wenn eine Zeichnung gut ist, bauen die Industriedesigner .... Sie diskutieren über

das Modell, verändern .... oder die Größe. Danach kann das Produkt verkauft werden.

4 Das Lieblingsdesign. Sie sind für einen Tag Industriedesigner und können ein Handy designen. Wie sieht es aus: Farbe, Form, Größe?

5 Kochkurs für Singles

a) Malte und Karina beim „Jumping Dinner". Sehen Sie den Clip bis 01:06. Welche Informationen sind falsch? Korrigieren Sie.

1. Malte und Karina treffen sich mit vier Singles in Maltes Wohnung.
2. Nach der Vorspeise wechseln alle die Wohnung.
3. Malte und Karina treffen für das Hauptgericht fünf neue Singles in einer anderen Wohnung.
4. Für den Nachtisch treffen sie noch einmal neue Singles.
5. In drei Gängen treffen sich also 18 Singles.
6. Das „Jumping Dinner" kostet 30 Euro.

b) Singlekochkurs an einer Kochschule. Sehen Sie den Clip ab 1:06. Was sind die drei wichtigsten Informationen? Notieren und vergleichen Sie.

c) Wie finden Sie „Jumping Dinner" oder Singlekochkurse? Sprechen Sie im Kurs.

- Das ist eine lustige Idee.
- In einem Kochkurs kann man gut Leute kennenlernen.
- Kochen ist nichts für mich.
- Ich finde das sehr interessant.

einhundertdreiundzwanzig | 123

4 Magazin

Geschichten

Eine Geburtstagsfeier irgendwo in Süddeutschland. Spät am Abend haben einige Gäste im Nachbargarten einen Gartenzwerg entdeckt und ihn mitgenommen. Der Zwerg bekam den Namen Fridolin. Der Nachbar, Johannes Braner, hatte am nächsten Tag einen Brief im Briefkasten:

Lieber Johannes,

ich mache eine Weltreise, weil es mir im Garten zu langweilig war. Ich melde mich von unterwegs. Mach dir keine Sorgen.

*Viele Grüße
Dein Zwerg Fridolin*

Im folgenden Jahr hat jeder Gast der Feier in Fridolins Namen Postkarten und E-Mails an den Eigentümer des Zwerges geschrieben, wann immer er dienstlich oder im Urlaub im Aus-
5 land war. Weil die Gäste sehr reisefreudig waren, sind so Grüße unter anderem aus Australien, den USA, der Schweiz und Ägypten bei Johannes angekommen.

Irgendeiner hatte dann die Idee, dass Fridolin eine
10 nette Zwergendame kennengelernt hat und nun heiraten möchte. Kurz vor der nächsten Geburtstagsfeier haben die Gäste eine Gartenzwergin gekauft. Das war gar nicht so einfach, weil es viel mehr männliche als weibliche Gartenzwerge gibt.
15 Aber die Gäste hatten dann doch Erfolg.

Zur Geburtstagsfeier haben sich alle wieder im Garten versammelt und Fridolin mit Ehegattin heimlich zu seinem Eigentümer Johannes
20 Braner zurückgebracht. Der Nachbar hatte jetzt nicht nur seinen Zwerg zurück, sondern auch noch einen weiblichen
25 Gartenzwerg zusätzlich. Tatsächlich war der Zwerg Fridolin natürlich die ganze Zeit im Keller von einem Gast.

Was kann man mit Geschichten machen ?!

- leise oder laut lesen
- im Kurs zusammen lesen
- hören
- weiter erzählen / eine andere erzählen
- Fragen stellen
- in der Muttersprache über sie sprechen

Station 2

Gedichte

1.36–38

hol mich nicht ab
wenn ich komme
steh nicht auf dem bahnsteig
geh mir nicht entgegen
lass dich nicht küssen
sag nicht wir fahren wohin du willst
steig nicht im erstbesten hotel ab
sieh mich nicht dauernd an
bleib nicht eine ganze stunde da
stammle nicht du müsstest heim
renne nicht vor mir her
dreh dich nicht um
heb nicht die hand
wink mir nicht zu
fahr nicht

Róža Domašcyna

Herbstmorgen in Holland

Die Nebelkuh am Nebelmeer
muht nebel meinem Bahngleis her
nicht neben,
denn wo Nebel fällt,
wird auch das n zum l entstellt.

Herbstmorgel il Hollald

Lul weiter il die Lebelwelt
so bil ich eldlich kolsequelt
uld sage licht mehr Nebel
lur lebel

Erich Fried

Was kann man mit Gedichten machen ?!

- vorlesen
- auf CD hören
- wichtige Wörter im Wörterbuch suchen
- Fragen stellen
- in der Muttersprache über sie sprechen
- umschreiben
- auswendig lernen

Lass uns reisen

Die Lokomotiven tönen. Die Züge
Warten. Lass uns reisen.
Berge und Seen. Vergangenheit
Und Gegenwart. Wald und Sumpf
Träume und Leben. Unaufhaltsam
Ziehen vorbei sie.
Lass uns reisen in Gewissheit:
Wo wir auch anlangen,
Liegt das Ziel
Schon hinter uns.

Günter Kunert

Partnerseiten

Station 2, Aufgabe 2.1

1 **Interviewspiel: Hobbys und Freizeitaktivitäten**

a) **Fragen und notieren Sie. Die Tabelle für Spieler/in 1 finden Sie auf S. 120.**

Was macht Frau Gärtner im Sommer?

Sie liegt, …

Spieler 2	Stefan Weniger	Frau Gärtner	Und Sie?
im Sommer		in der Sonne liegen, Zeitschriften lesen, Kaffee trinken	
im Winter	in Fitnesstraining gehen und Snowboard fahren		
nach dem Sport		sofort ins Bett gehen	
abends	Videospiele am Computer spielen		
nach der Arbeit	Volleyball spielen und etwas trinken gehen		
sonntags		im Chor singen	

b) **Und Sie? Ergänzen Sie in der Tabelle Ihre Hobbys/Freizeitaktivitäten und fragen Sie Ihre Partnerin / Ihren Partner.**

Grammatik auf einen Blick

Sätze

1. Gründe ausdrücken: Nebensätze mit *weil*
2. Seine Meinung ausdrücken: Nebensätze mit *dass*
3. Indirekte Fragen
   1. Ja/Nein-Fragen: *ob*
   2. Fragen mit Fragewort: *wann, wo, ...*
4. Personen oder Sachen genauer beschreiben: Relativsätze im Nominativ und Akkusativ
5. Gegensätze ausdrücken: Hauptsätze und Informationen mit *aber* verbinden
6. Alternativen ausdrücken: *oder*

Wörter

7. Nomen verbinden mit Genitiv-s: *Jacquelines Großvater*
8. Possessivartikel im Dativ
9. Übersicht Possessivartikel: Nominativ, Akkusativ, Dativ
10. Übersicht Personalpronomen: Nominativ, Akkusativ, Dativ
11. Reflexivpronomen im Akkusativ: *sich interessieren für*
12. Komparation – Vergleiche mit *als* und Superlativ: *am liebsten*
13. Adjektive im Dativ mit Artikel
14. Adjektive ohne Artikel: Nominativ und Akkusativ
15. Zeitadverbien: *zuerst, dann danach*
16. Indefinita – unbestimmte Menge (Personen): *niemand, wenige, viele, alle*
17. Modalverb *sollen*

Grammatik

Sätze

1 Gründe ausdrücken: Nebensätze mit *weil*

Hauptsatz	Hauptsatz
Ich habe Deutsch gelernt.	Es (war) ein Schulfach.
Hauptsatz	Nebensatz
Ich habe Deutsch gelernt,	**weil** es ein Schulfach (war).

Regel Im Nebensatz steht das Verb am Ende. Der Nebensatz beginnt mit **weil**.

2 Seine Meinung ausdrücken: Nebensätze mit *dass*

Ich finde,	**dass** das Auto zu teuer (ist).
Meinst du nicht auch,	**dass** das Auto zu teuer (ist)?
Ich habe gesagt,	**dass** ich das Auto zu teuer (finde).

3 Indirekte Fragen

1 Ja/Nein-Fragen: *ob*

💬 (Kommst) du am Wochenende?
👂 Entschuldigung, was hast du gesagt?
💬 Ich habe gefragt, **ob** du am Wochenende (kommst)?

2 Fragen mit Fragewort: *wann, wo, …*

Hauptsatz	Nebensatz
Kannst du mir sagen,	**wann** du (kommst)?
Ich möchte wissen,	**was** Sie gesagt (haben).
Können Sie mir sagen,	**wo** ich das Haus Nr. 23 (finde)?

Wann kommst du?

Regel Der Nebensatz beginnt mit *ob* oder einem Fragewort und das Verb steht am Satzende.

Grammatik

4 Personen oder Sachen genauer beschreiben: Relativsätze im Nominativ und Akkusativ
E 6

Marillenknödel: Das sind Knödel, die man mit Marillen (Aprikosen) macht.

Christstollen: Das ist ein Kuchen, den man zu Weihnachten backt.

Hauptsatz 1	Hauptsatz 2
Das sind Knödel.	Man macht sie mit Aprikosen.
Das ist ein Kuchen.	Man backt ihn zu Weihnachten.

Hauptsatz	Relativsatz
Das sind Knödel,	**die** man mit Aprikosen (macht).
Das ist ein Kuchen,	**den** man zu Weihnachten (backt).

	Nominativ	Akkusativ
Singular	der	den
	das	das
Plural	die	die
	die	die

Regel Der Relativsatz erklärt ein Nomen im Hauptsatz.

Nominativ **Der** Mann,   **der** in der Wohnung neben uns wohnt,   backt gern Kuchen.

Akkusativ **Der** Kaffee,   **den** der Kellner eben gebracht hat,   ist kalt.

Nominativ **Das** Rezept,   **das** von meiner Oma ist,   suche ich jetzt.

Akkusativ **Das** Steak,   **das** ich letzte Woche hier gegessen habe,   war zäh.

Nominativ **Die** Frau,   **die** dort am Tisch sitzt,   wartet schon eine Stunde auf das Essen.

Akkusativ **Die** Suppe,   **die** ich bestellt habe,   war salzig.

Regel Plural im Nominativ und Akkusativ immer **die**: die Männer/Kinder/Frauen, die …

5 Gegensätze ausdrücken: Hauptsätze und Informationen mit *aber* verbinden
E 3

Hauptsatz	Hauptsatz
Eine Reise mit dem Zug dauert länger als mit dem Flugzeug.	Sie ist bequemer.
Eine Reise mit dem Zug dauert länger als mit dem Flugzeug,	**aber** sie ist bequemer.

6 Alternativen ausdrücken: *oder*
E 3

Gehen wir zu dir **oder** zu mir?
Magst du Tee **oder** Kaffee?
Mit Milch **oder** mit Zucker?

Hauswand in Berlin

Grammatik

Wörter

7 Nomen verbinden mit Genitiv-s: *Jaquelines Großvater*

E 2

Das ist der Großvater von Jacqueline. / das Auto von Günther. / die Frau von Jan.
Das ist Jacqueline**s** Großvater. / Günther**s** Auto. / Jan**s** Frau.

8 Possessivartikel im Dativ

E 2

		der Computer das Radio	die Kamera
Singular	ich	mein**em**	mein**er**
	du	dein**em**	dein**er**
	er/es	sein**em**	sein**er**
	sie	ihr**em**	ihr**er**
Plural	wir	unser**em**	unser**er**
	ihr	eur**em**	eur**er**
	sie/Sie	ihr**em**/Ihr**em**	ihr**er**/Ihr**er**
Plural (Nomen)		mein**en**/unser**en** Computer**n**, Radios, Kameras	

*Das bin ich mit mein**er** neuen Kamera!*

9 Übersicht Possessivartikel: Nominativ, Akkusativ, Dativ

E 2

		der	das	die
Singular	Nominativ	mein Hund	mein Auto	meine Firma
	Akkusativ	mein**en** Hund	mein Auto	meine Firma
	Dativ	mein**em** Hund	mein**em** Auto	mein**er** Firma
Plural	Nominativ	meine Hunde/Autos/Firmen		
	Akkusativ	meine Hunde/Autos/Firmen		
	Dativ	mein**en** Hunde**n**/Autos/Firmen		

> **Regel** Alle Possessivartikel *(dein, sein, unser ...)* und auch *(k)ein* haben die gleichen Endungen wie *mein*.

10 Übersicht Personalpronomen: Nominativ, Akkusativ, Dativ

E 6

Du fährst in die Stadt? Kannst du mich mitnehmen?

		Nominativ	Akkusativ	Dativ
Singular		ich	mich	mir
		du	dich	dir
		er	ihn	ihm
		es	es	ihm
		sie	sie	ihr
Plural		wir	uns	uns
		ihr	euch	euch
		sie/Sie	sie/Sie	ihnen/Ihnen

Ja, du kannst mit mir bis zum Viktoria-Luise-Platz fahren.

Grammatik

11 Reflexivpronomen im Akkusativ: *sich interessieren für*

E 4

💬 **Interessierst** du **dich für** Politik?   🗨 Ja, aber ich **ärgere mich über** die Politiker.
Simone **freut sich auf** das Wochenende mit Peter. Sie hat **sich über** sein Geschenk **gefreut**.
Sie **treffen sich** am Wochenende **mit** Freunden.
Meine Kollegin **fühlt sich** heute nicht gut. Sie **regt sich über** unseren Chef **auf**.
Jetzt **entspannt** sie **sich mit** Yoga.

	Personal- pronomen im Akkusativ	Akkusativ- Reflexiv- pronomen
Singular	mich	mich
	dich	dich
	ihn	**sich**
	es	**sich**
	sie	**sich**
Plural	uns	uns
	euch	euch
	sie/Sie	**sich**

👍 **Lerntipp**
Lernen Sie die Verben mit Präpositionen:
sich ärgern *über*

Sie schminkt sich.

Er rasiert sich.

Regel Reflexivpronomen im Akkusativ = Personalpronomen im Akkusativ, außer in der 3. Person (er, es, sie, sie/Sie)

12 Komparation – Vergleiche mit *als* und Superlativ: *am liebsten*

E 1

Der Mont Blanc (4807 m) ist **höher als** das Matterhorn (4478 m).

Das Matterhorn ist **der schönste** Berg Europas, aber nicht **der höchste**.

Der Mont Blanc ist **am höchsten**.

1	schwer	schwer**er**	am schwer**sten**	der/das/die schwer**ste**
	schön	schön**er**	am schön**sten**	der/das/die schön**ste**
	leicht	leicht**er**	am leicht**esten**	der/das/die leicht**este**
	weit	weit**er**	am weit**esten**	der/das/die weit**este**
2	lang	l**ä**ng**er**	am l**ä**ng**sten**	der/das/die l**ä**ng**ste**
	jung	j**ü**ng**er**	am j**ü**ng**sten**	der/das/die j**ü**ng**ste**
	groß	gr**ö**ß**er**	am gr**ö**ß**ten**	der/das/die gr**ö**ß**te**
	hoch	h**ö**h**er**!	am h**ö**ch**sten**	der/das/die h**ö**ch**ste**
3	viel	**mehr**	am **meisten**	der/das/die **meiste**
	gut	**besser**	am **besten**	der/das/die **beste**
	gern	**lieber**	am **liebsten**	der/das/die **liebste**

Regel Komparativ: Adjektiv + Endung *-er* + als

Grammatik

13 Adjektive im Dativ mit Artikel

Die Frau mit der hellblauen Bluse und der weißen Jeans heißt Mari.

Der Junge mit den blonden Haaren und einem weißen Pullover heißt Jonas.

Regel Adjektive im Dativ mit Artikel: Die Endung ist immer **-en**.

14 Adjektive ohne Artikel: Nominativ und Akkusativ

Alter Fernseher gesucht!
✆ 030 / 29 77 30 34

Altes Auto, 1972, VW-Käfer, fährt noch! Nur 100,– €,
☎ 089-34 26 77

Verkaufe alte Kamera, suche neuen Heimtrainer.
Tel.: 0171 / 33 67 87 99

Singular	(der)	(das)	(die)
Nominativ	alt**er** Fernseher	alt**es** Handy	alt**e** Uhr
Akkusativ	alt**en** Fernseher	alt**es** Handy	alt**e** Uhr

Plural	(die)
Nominativ/Akkusativ	alt**e** Fernseher/Handys/Uhren

Lerntipp
Adjektive ohne Artikel: Den Artikel erkennt man an der Endung.

Regel Adjektive ohne Artikel haben die gleiche Endung wie Adjektive mit unbestimmtem Artikel (im Nominativ und Akkusativ).

Suche rotes Kleid.

Ich habe ein rotes Kleid gekauft.

15 Zeitadverbien *zuerst, dann, danach*

zuerst ⟶ dann ⟶ danach

Zuerst stehe ich auf, dann gehe ich joggen, danach dusche ich mich.

16 Indefinita – unbestimmte Menge (Personen): *niemand, wenige, viele, alle*

Alle aus meiner Familie machen Sport.
Viele sind im Fußballverein.
Wenige machen Musik.
Niemand spielt Gitarre.

17 Modalverb *sollen*

	sollen
ich	soll
du	sollst
er/es/sie	soll
wir	sollen
ihr	sollt
sie/Sie	sollen

Karl hat gerade angerufen. Du sollst ihn vom Bahnhof abholen.

Liste der unregelmäßigen Verben

abfahren	er fährt ab	er ist abgefahren
abnehmen	er nimmt ab	er hat abgenommen
abschließen	er schließt ab	er hat abgeschlossen
anbraten	er brät an	er hat angebraten
anfangen	er fängt an	er hat angefangen
ankommen	er kommt an	er ist angekommen
anrufen	er ruft an	er hat angerufen
anschreiben	er schreibt an	er hat angeschrieben
ansehen	er sieht an	er hat angesehen
ansprechen	er spricht an	er hat angesprochen
anziehen (sich)	er zieht sich an	er hat sich angezogen
aufstehen	er steht auf	er ist aufgestanden
ausgehen	er geht aus	er ist ausgegangen
ausleihen	er leiht aus	er hat ausgeliehen
ausschlafen	er schläft aus	er hat ausgeschlafen
aussehen	er sieht aus	er hat ausgesehen
aussteigen	er steigt aus	er ist ausgestiegen
ausziehen	er zieht etw. aus	er hat etw. ausgezogen
backen	er backt/bäckt	er hat gebacken
beginnen	er beginnt	er hat begonnen
bekommen	er bekommt	er hat bekommen
benutzen	er benutzt	er hat benutzt
beraten	er berät	er hat beraten
beschließen	er beschließt	er hat beschlossen
beschreiben	er beschreibt	er hat beschrieben
besprechen	er bespricht	er hat besprochen
bleiben	er bleibt	er ist geblieben
betragen	etw. beträgt	etw. hat betragen
betreiben	er betreibt	er hat betrieben
bieten	er bietet	er hat geboten
bringen	er bringt	er hat gebracht
denken	er denkt	er hat gedacht
dürfen	er darf	er durfte (Präteritum)
einladen	er lädt ein	er hat eingeladen
einreiben	er reibt ein	er hat eingerieben
entscheiden (sich)	er entscheidet sich	er hat sich entschieden
essen	er isst	er hat gegessen
fahren	er fährt	er ist gefahren
fallen	er fällt	er ist gefallen
fernsehen	er sieht fern	er hat ferngesehen
finden	er findet es	er hat es gefunden
fliegen	er fliegt	er ist geflogen
geben	er gibt	er hat gegeben
gefallen	es gefällt	es hat gefallen
gehen	er geht	er ist gegangen
gewinnen	er gewinnt	er hat gewonnen
haben	er hat	er hatte (Präteritum)
hängen	es hängt	es hat gehangen
heben	er hebt	er hat gehoben
heißen	er heißt	er hat geheißen
helfen	er hilft	er hat geholfen
herunterladen	er lädt herunter	er hat heruntergeladen
hinfliegen	er fliegt hin	er ist hingeflogen
kennen	er kennt	er hat gekannt

unregelmäßige Verben

klingen	es klingt	es hat geklungen
kommen	er kommt	er ist gekommen
können	er kann	er konnte (Präteritum)
laufen	er läuft	er ist gelaufen
leidtun	es tut leid	es hat leidgetan
lesen	er liest	er hat gelesen
liegen	es liegt	es hat gelegen
mitbringen	er bringt mit	er hat mitgebracht
mitkommen	er kommt mit	er ist mitgekommen
mögen	er mag	er mochte (Präteritum)
müssen	er muss	er musste (Präteritum)
nehmen	er nimmt	er hat genommen
nennen	er nennt	er hat genannt
raten	er rät	er hat geraten
schlafen	er schläft	er hat geschlafen
schließen	er schließt	er hat geschlossen
schneiden	er schneidet	er hat geschnitten
schreiben	er schreibt	er hat geschrieben
schwimmen	er schwimmt	er ist geschwommen
sehen	er sieht	er hat gesehen
sein	er ist	er war (Präteritum)
singen	er singt	er hat gesungen
sitzen	er sitzt	er hat gesessen
Ski fahren	er fährt Ski	er ist Ski gefahren
spazieren gehen	er geht spazieren	er ist spazieren gegangen
sprechen	er spricht	er hat gesprochen
stattfinden	*es findet statt*	*es hat stattgefunden*
stehen	er steht	er hat gestanden
teilnehmen	er nimmt teil	er hat teilgenommen
tragen	er trägt	er hat getragen
treffen	er trifft	er hat getroffen
trinken	er trinkt	er hat getrunken
tun	er tut	er hat getan
überfliegen	er überfliegt	er hat überflogen
übernehmen	er übernimmt	er hat übernommen
umsteigen	er steigt um	er ist umgestiegen
umziehen	er zieht um	er ist umgezogen
unterhalten (sich)	er unterhält sich	er hat sich unterhalten
verbieten	er verbietet	er hat verboten
verbinden	er verbindet	er hat verbunden
verbringen	er verbringt	er hat verbracht
vergehen	er vergeht	er ist vergangen
vergessen	er vergisst	er hat vergessen
vergleichen	er vergleicht	er hat verglichen
verlassen	er verlässt	er hat verlassen
verlieren	er verliert	er hat verloren
verschlafen	*er verschläft*	*er hat verschlafen*
verschreiben	*er verschreibt*	*er hat verschrieben*
verstehen	er versteht	er hat verstanden
vorbeifahren	*er fährt vorbei*	*er ist vorbeigefahren*
vorbeilaufen	*er läuft vorbei*	*er ist vorbeigelaufen*
waschen	er wäscht	er hat gewaschen
weitergehen	*es geht weiter*	*es ist weitergegangen*
wehtun	es tut weh	es hat wehgetan
wissen	er weiß	er hat gewusst
wollen	er will	er wollte (Präteritum)

zi̱ehen	er zi̱eht	er ist gezo̱gen
zu̱nehmen	*es ni̱mmt zu̱*	*es hat zu̱genommen*
zurückbekommen (etw.)	er beko̱mmt etw. zurück	er hat etw. zurückbekommen
zurückdenken	er de̱nkt zurück	er hat zurückgedacht
zurückgehen	er ge̱ht zurück	er ist zurückgegangen
zurückkommen	er ko̱mmt zurück	er ist zurückgekommen
zurücknehmen (etw.)	er ni̱mmt etw. zurück	er hat etw. zurückgenommen

Liste der Verben mit Präpositionen

Akkusativ

anmelden (sich)	für	Er meldet sich für den Kurs an.
antworten	auf	Die Kursleiterin antwortet auf die Frage.
ärgern (sich)	über	Der Opa ärgert sich über seinen Enkel.
aufregen (sich)	über	Das Mädchen regt sich über ihren Bruder auf.
berichten	über	Mein Onkel berichtet von seinem Urlaub.
bloggen	über	Ich habe über meine Reise gebloggt.
denken	an	Ich denke oft an dich.
erinnern (sich)	an	Er erinnert sich gern an sein Studium in Spanien.
freuen (sich)	auf	Wir freuen uns auf das Wochenende.
freuen (sich)	über	Er hat sich sehr über die Geschenke gefreut.
gehen	um	Es geht in dem Artikel um moderne Medien.
hoffen	auf	Wir hoffen auf gutes Wetter am Wochenende.
informieren (sich)	über	Ich informiere mich über den Preis im Internet.
interessieren (sich)	für	Meine Oma interessiert sich nicht für Fußball.
kümmern (sich)	um	Meine Schwester kümmert sich allein um ihre Kinder.
reagieren	auf	Wie hat er auf deine Frage reagiert?
sprechen	über	Heute sprechen wir über unsere Hobbys.
verzichten	auf	Ich verzichte auf Schokolade. Ich bin so dick.
warten	auf	Immer muss ich auf meine Freundin warten!

Dativ

beschäftigen (sich)	mit	Das Au-pair beschäftigt sich viel mit den Kindern.
besprechen	mit	Die Lehrer besprechen etwas mit den Eltern.
chatten	mit	Ich chatte oft mit meiner Freundin in England.
einladen	zu	Ich bin zu einer Hochzeit eingeladen.
fragen	nach	Die Frau hat mich nach meiner Telefonnummer gefragt.
klingen	nach	Dieses Lied klingt immer nach Sommer.
passen	zu	Das Kleid passt nicht zu dir!
skypen	mit	Willst du heute Abend mit mir skypen?
teilnehmen	an	Ich nehme an einem Sprachkurs teil.
treffen (sich)	mit	Am Wochenende treffe ich mich immer mit Freunden.
verabreden (sich)	mit	Ich habe mich mit meiner Schwester verabredet.
verstehen (sich)	mit	Mit meinem Bruder verstehe ich mich am besten.
vorbeifahren	an	Du musst an dem großen Haus vorbeifahren.
vorbeilaufen	an	Jeden Tag laufe ich an dem Briefkasten vorbei.
ziehen	zu	Im Sommer ziehe ich zu meinem Mann nach Schweden.

Phonetik auf einen Blick

Akzent

Wortakzent in internationalen Wörtern

das ˈR<u>a</u>dio – die ˈK<u>a</u>mera – die Kaˈss<u>e</u>tte – die Zigaˈr<u>e</u>tte – intelliˈg<u>e</u>nt – die Universiˈt<u>ä</u>t – traditioˈn<u>e</u>ll – die Poliˈt<u>i</u>k – interesˈs<u>a</u>nt

Konsonanten

1 Lippenlaute [b], [v], [m]

Bitte ein **W**eiß**b**rot **m**it **M**armelade. Nein, lie**b**er eine **B**ratwurst **m**it **B**rötchen. Dazu einen **W**eiß**w**ein. Ich **m**eine: ein **W**eiß**b**ier. Oder doch lie**b**er **M**ineral**w**asser?

2 *s*-Laute [z], [s] und [ts]

Susi, **s**ag' mal: „**S**aure **S**oße".
E**s**el e**ss**en Ne**ss**eln nicht, Ne**ss**eln e**ss**en E**s**el nicht.
Am **z**ehnten **Z**ehnten **z**ehn Uhr **z**ehn **z**ogen **z**ehn **z**ahme **Z**iegen **z**ehn **Z**entner **Z**ucker **z**um **Z**oo.

3 Aussprache *h*

Das *h* am Silbenanfang spricht man:
das Haus – hören – das Handy – der Hund – abholen – das Hotel – die Hand – halten – das Handy

Das *h* nach langem Vokal spricht man nicht:
gehen – wohnen – die Ruhe – ohne – die Apotheke – fahren

4 Konsonantenhäufungen: Zungenbrecher

Der Cottbuser Postkutscher putzt den Cottbuser Postkutschkasten. Der Potsdamer Postkutscher putzt den Potsdamer Postkutschkasten.	Fischers Fritze fischt frische Fische - frische Fische fischt Fischers Fritze.	Klaus Knopf liebt Knödel, Klöße, Klöpse. Knödel, Klöße, Klöpse liebt Klaus Knopf.

Aussprache emotional markieren

Aua, ich habe mich geschnitten!

Mist, jetzt ist die Vase kaputt!

Iii, in meinem Bett ist eine Spinne!

Oh, was ist denn das?

Juhu, wir haben im Lotto gewonnen!

Hörtexte

Hier finden Sie alle Hörtexte, die nicht oder nicht komplett in den Einheiten und Übungen abgedruckt sind.

1 Leben und lernen in Europa

1 [1]
c) *Interview Gabriella*
+ Hallo, kannst du dich kurz vorstellen, bitte?
– Hallo, ich heiße Gabriella Calderari und ich komme aus Italien.
+ Und woher genau?
– Ich bin in Palermo geboren, aber ich habe auch in Udine und in Bologna gewohnt, wo ich studiert habe.
+ Was hast du denn studiert?
– Jura.
+ Und warum lernst du Deutsch?
– Ich lerne Deutsch, weil mein Freund Deutscher ist. Ich habe ihn in Spanien kennengelernt, als ich ein Austauschprogramm gemacht habe.
+ Mhm, seit wann und wo lernst du Deutsch?
– Ich lerne Deutsch seit zwei Jahren, und ich habe am Anfang einen Kurs in Bologna besucht an der Universität, und dann habe ich in München zwei intensive Kurse gemacht am Sprachen- und Dolmetscherinstitut.
+ Mhm. Was findest du schön an der deutschen Sprache?
– Die Sprache hat mir immer gefallen und ich finde sie fantasiereich, und Deutschlernen ist für mich eine Herausforderung.
+ Was ist für dich schwer an Deutsch?
– Deutsch ist eine schwere Sprache, aber man hat auch Erfolg und das ist ein herrliches Gefühl.
+ Was gefällt dir an Deutschland?
– Mir gefällt die moralische Offenheit und, dass die Leute direkt sind.
+ Vermisst du etwas hier?
– Ja, ich vermisse die Sonne und die Spontaneität der Leute.

2 [1]
a) Ich heiße Marina Rajkova und ich komme aus Bulgarien. Ich habe im Gymnasium Deutsch gelernt. In der Klasse acht hatten wir alle Fächer in der Fremdsprache Deutsch. Das hat Spaß gemacht und ich habe in dem Jahr sehr viel und intensiv gelernt. Aber ich habe wenig Kontakt zu Deutschen. Mein Ziel? Für eine deutsche Firma in Sofia arbeiten.

Hallo, ich bin Glauco Vaz Feijó aus Brasilien. Ich habe im Goethe-Institut Deutsch gelernt. Am schwersten war am Anfang die Aussprache. Deutsch klingt so hart. Aber der Unterricht hat Spaß gemacht. Seit zwei Jahren arbeite ich bei VW in Sao Paulo. Deutsch ist vielleicht ein Plus für die Karriere. Im November mache ich den B1-Test.

Mein Name ist Vangelis KoukidiS. Ich komme aus Griechenland. Ich habe in Athen studiert und in einem Sprachinstitut Deutsch gelernt. Mit zwölf Jahren habe ich angefangen. Später habe ich ein Praktikum in einem Literatur-Verlag in Berlin gemacht. Ich mag die deutsche Literatur und die Autoren Heinrich Böll und Günther Grass ganz besonders.

3 [5]
b) das 'Radio – die 'Kamera – die Ka'ssette – die Ziga'rette – intelli'gent – die Universi'tät – traditio'nell – die Poli'tik – interes'sant

Ü [1]
c) 1. Ein Examen testet das Wissen, z. B. am Ende vom Studium oder von der Ausbildung.
2. Das ERASMUS-Programm ist ein Programm für Studenten. Sie können für ein oder zwei Semester im Ausland studieren und bekommen von der EU etwas Geld.
3. In Deutschland ist das Marketing-Studium sehr beliebt, viele Studenten interessieren sich für dieses Studium.
4. Viele Studenten machen in ihrem Studium ein Auslandssemester. Sie leben und studieren dann in einem anderen Land und lernen Sprachen.

Ü [3]
+ Hallo Jannis, kannst du dich kurz vorstellen?
– Ja, hallo, ich heiße Jannis Topalidis und ich komme aus Griechenland. Ich bin in Athen geboren und habe dort auch studiert.
+ Und wo arbeitest du jetzt?
– Jetzt bin ich Arzt und arbeite in einem Krankenhaus in Dortmund.
+ Ach, in Dortmund. Und seit wann lebst und arbeitest du dort?
– Ich bin vor einem Jahr nach Dortmund gezogen. Ich war im Studium auch ein paar Monate in Deutschland. Ich war ERASMUS-Student in Köln.
+ Seit wann lernst du jetzt Deutsch?
– Ich lerne seit fünf Jahren Deutsch, in Athen habe ich an der Universität einen Deutschkurs besucht. Dann habe ich in Dortmund an einer Sprachenschule einen Intensivkurs gemacht.
+ Und was findest du an der deutschen Sprache gut?
– Mhh, die Grammatik gefällt mir gut. Ja, ich mag die deutsche Grammatik.
+ Und was ist schwer für dich?
– Es gibt sehr viele Wörter im Deutschen, das ist schwer.
+ Das stimmt. Danke für das Interview, Jannis.

Ü [10]
b) 1. Ich höre Musik mit dem Radio oder mit dem Computer.
2. Ich studiere an der Universität Bonn Wirtschaft und Politik. In zwei Monaten gehe ich für ein Auslandssemester nach Seoul. Ich mache einen Intensivkurs Koreanisch.
3. Fremdsprachen lerne ich an der Volkshochschule. Ich lerne aber auch gern zu Hause mit dem E-Book.

Hörtexte

Ü 11
- Welche Stadt ist größer: Berlin oder Paris?
+ Berlin ist größer als PariS. Aber London ist die größte Stadt in Europa.
- Welcher Fluss ist länger: die Donau oder die Elbe?
+ Die Donau ist länger als die Elbe.
- Und welcher Berg ist am höchsten: das Matterhorn, der Eiger oder der Großglockner?
+ Das Matterhorn ist am höchsten.

2 Familiengeschichten

1
a) Also, hier auf dem Foto, das ist die ganze Familie, das war letztes Jahr im August. Mein Vater hatte seinen 60. Geburtstag. Das war in Potsdam bei meinen Eltern in ihrem schönen Garten. Alle waren da, nur mein Ex-Mann nicht. Ich bin geschieden und alleinerziehend. Mein Sohn Lukas und ich leben in Berlin. Mit meinen Schwestern und mit meinem Bruder verstehe ich mich aber sehr gut. Wir freuen uns auf jedes Familienfest.
Ich sitze hier mit meinem Sohn in der Mitte hinter meinem Schwager Marko und seinem Hund Rudi. Mein Vater Günther steht oben rechtS. Daneben, das ist meine Mutter, Marianne Saalfeld. Ihr Geburtsjahr ist 1959. Sie ist sechs Jahre jünger als mein Vater. Meine Eltern sind sehr stolz auf ihre drei Enkelkinder und freuen sich immer über Besuch. Und die Enkel sind gerne bei Opa und Oma. Mein Bruder Matthias steht hinten in der Mitte neben meiner Mutter. Er lebt in München. Sein Hobby sind alte AutoS. Er kauft und repariert Oldtimer. Links dahinter stehen meine Schwester Karina und ihr Mann Jan Kowalski. Karina ist zwei Jahre jünger als ich. Jan kommt aus Polen und arbeitet in Halle bei einer kleinen Softwarefirma. Die beiden wohnen in Leipzig. Unten rechts, das ist meine Schwester Tonia mit ihrer Tochter. Lisa ist 2008 geboren.

b) Ja, und das Foto ist ziemlich alt. Es zeigt meine Urgroßeltern Ludwig und Sofia mit meiner Großmutter Elisabeth und meiner Großtante Anni in der Mitte. Das war in den 1930er Jahren. Mein Urgroßvater war Bauer. Heute heißt das Landwirt. Auf dem anderen Foto, das ist mein Onkel Hubert. Er hat eine Zuckertüte. Man bekommt sie am ersten Schultag. Das ist eine alte Tradition. In der Tüte sind viele Süßigkeiten.

4
Freiburg – das vermisste Au-Pair-Mädchen Mari M. ist wieder aufgetaucht. Sie hat sich gestern bei der Polizei in Offenburg gemeldet. Die junge Frau hat den Bericht in der Freiburger Zeitung gelesen und war schockiert. Sie hat erzählt, dass sie krank war und in Offenburg eine Woche lang bei einer Freundin aus Georgien gewohnt hat. Sie hat gesagt, dass sie sich entschuldigt. Sie freut sich auf die Rückkehr zu ihrer Gastfamilie.

Ü 4
+ Guten Morgen!
- Guten Morgen.
+ Also, ich stelle euch jetzt meine Familie vor. Wie ihr wisst, ist mein Name Yasmina Haddad und das ist meine Familie. Meine Familie ist nicht so groß. Ich habe einen Bruder, er heißt Jascha. Jascha ist zwei Jahre jünger als ich und studiert Jura in Frankfurt. Er ist noch nicht verheiratet und lebt nicht mehr bei unseren Eltern. Unsere Mutter heißt Sabine, sie ist 54 Jahre alt und von Beruf Biologin. Mein Vater heißt Omid, er ist drei Jahre älter als meine Mutter. Er kommt aus dem Iran, lebt aber schon seit 32 Jahren in Deutschland. Mein Vater arbeitet als Architekt. Meine Eltern sind seit 27 Jahren verheiratet, sie leben in Darmstadt. Meine Mutter hat zwei Geschwister. Ich habe also eine Tante und einen Onkel. Meine Tante heißt Astrid und mein Onkel heißt Wolfgang, ich verstehe mich mit ihnen sehr gut. Und das sind meine Großeltern, Helga und Alfred. Sie leben auch in Frankfurt. Mein Großvater ist 87 Jahre alt, meine Großmutter ist fünf Jahre jünger. Ja, habt ihr noch Fragen? Ja, bitte ...

Ü 10
- Das ist ein schönes Foto! Wer ist das?
+ Das ist Jens mit seiner Schwester und seinem Bruder.
- Ah, o. k. Und wer ist das da hinten auf dem Bild?
+ Das bin ich als Kind mit meinen Großeltern.
- Das ist ein schönes Foto! Wie geht es denn deinem Großvater?
+ Wieder besser, er ist jetzt mit meiner Großmutter und ihrem Hund im Urlaub.

Ü 16
Interview 1
+ Christine, du bist 35 Jahre alt und lebst allein.
- Ja, ich habe mich vor zwei Jahren von meinem Freund getrennt und bin aus unserer Wohnung ausgezogen. Eine Freundin wollte, dass ich mit ihr zusammenziehe, aber ich will lieber alleine wohnen. Im Moment genieße ich meine Freiheit.
+ Bist du manchmal einsam?
- Nein! Single sein heißt ja nicht, dass ich einsam bin. Ich habe viele Freunde und unternehme viel mit ihnen. Nur die Sonntage ... da haben viele keine Zeit, weil sie mit ihren Partnern zusammen sein wollen. Das ist manchmal etwas schwierig.

Interview 2
+ Andy und Rafael, ihr seid ein Paar und wohnt seit etwa einem Jahr zusammen in einer Wohnung. Warum seid ihr zusammengezogen?
- Wir wollten uns einfach öfter sehen. Vorher haben wir uns immer gegenseitig besucht. Das war aber nicht so praktisch.
+ Als Männerpaar, habt ihr da Probleme mit den Nachbarn?
• Die meisten wissen nicht, dass wir ein Paar sind. Warum auch?
- Ja, die meisten Nachbarn denken, dass wir in einer Wohngemeinschaft zusammenleben, weil das billiger ist.
• Für unsere Eltern war es am Anfang ein Schock. Aber jetzt finden sie es ganz normal.

Interview 3
+ Karin und Uwe, ihr habt spät geheiratet.
− Ja, wir kennen uns schon seit der Schule. Dann haben wir erst mal lange studiert.
• Wir wollten noch nicht so früh Kinder haben. Nach dem Studium haben wir beide gearbeitet und viele Reisen gemacht. Mit 38 hat Karin unsere Tochter bekommen. Dann haben wir geheiratet. Unsere Tochter kommt nach den Sommerferien aufs Gymnasium.
+ Arbeitet ihr beide?
− Ja. Nach der Geburt bin ich die ersten beiden Jahre zu Hause geblieben. Dann haben wir einen Kindergarten für Lucie gefunden und ich habe wieder angefangen zu arbeiten.

Ü 20
+ Kerstin Hilpert.
− Guten Tag, hier ist Herr Winter von der Zeitung „Neue Presse Hannover".
+ Hallo, Herr Winter!
− Sie hatten bei uns in der Zeitung eine Anzeige aufgegeben, dass Sie Ihre Katze Luci vermisst haben. Ich habe gehört, dass Ihre Katze jetzt wieder da ist. Könnte ich einen Artikel über Ihre Katze und Ihre Familie schreiben?
+ Ähm, einen Zeitungsartikel?
− Ja, genau. Über Ihre Katze Luci!
+ Ja, äh ..., ok. Was wollen Sie denn wissen?
− Wie lange war Luci weg? Und seit wann ist sie wieder da?
+ Wir haben Luci zwei Wochen vermisst und sind sehr glücklich, dass sie wieder zu Hause ist. Vor zwei Tagen haben wir einen Anruf von einer älteren Dame bekommen. Luci war eine Woche bei ihr. Seit zwei Tagen ist sie wieder zu Hause.
− Und, geht es Luci gut?
+ Ja, vorgestern waren wir mit ihr beim Arzt und sie ist ganz gesund. Gestern war sie aber sehr müde und hat viel geschlafen. Heute ist sie zum Glück wieder ganz normal. Sie ...

3 Unterwegs

1 3
a) − Morgen Felix! Na, bist du wieder hier? Wie war der Urlaub?
+ Leider zu kurz, wie immer. Aber Berlin hat mir sehr gut gefallen.
− Ich habe gehört, dass du mit deiner Freundin da warst?
+ Ja, stimmt, Samirah und ich waren zusammen in Berlin.
− Und, wie ist Berlin so? Was habt ihr gemacht?
+ Zuerst habe ich eine Stadtbesichtigung mit der Linie 100 gemacht. Dann war ich in der Nationalgalerie und auf dem Fernsehturm am Alexanderplatz – das war toll. Aber leider war ich allein dort. Meine Freundin war ja beruflich in Berlin.
− Ach ja? Was hat sie denn dort gemacht?
+ Sie war auf der conhIT, das ist eine große Messe zum Thema IT im Gesundheitswesen.
− Das ist ja interessant! Was macht denn Samirah beruflich?
+ Sie arbeitet in einem großen Krankenhaus in der Verwaltung.

2 1
b) + Guten Tag. Ich hätte gern zwei Fahrkarten von Berlin Hauptbahnhof nach Amsterdam.
− Hin und zurück?
+ Ja. Hin am 23. August, ab 6.30 Uhr und zurück am 25. August, so gegen 13 Uhr.
− Haben Sie eine BahnCard?
+ Ja, BahnCard 25, 2. Klasse, hier, bitte.
− Zahlen Sie bar oder mit Kreditkarte?
+ Mit Kreditkarte.
− So, einen Moment – das ist Ihre Verbindung. Sie fahren um 6.49 Uhr ab Berlin Hauptbahnhof. In Hannover müssen Sie umsteigen, aber Sie haben zwölf Minuten Zeit. Der Zug fährt um 8.40 Uhr in Hannover ab und ist um 12.59 Uhr planmäßig in Amsterdam.
+ Ja, das ist gut. Und die Rückfahrt?
− Die Rückfahrt geht auch über Hannover. Abfahrt in Amsterdam ist um 13.01 Uhr. Ankunft in Hannover dann um 17.18 Uhr. Sie haben 13 Minuten Umsteigezeit. Der Zug nach Berlin fährt um 17.31 Uhr und kommt um 19.07 Uhr in Berlin an. Soll ich Sitzplätze reservieren?
+ Nein danke. Was kosten denn die Fahrkarten?
− 184,80 Euro pro Person. Soll ich die Verbindung ausdrucken?
+ Ja, bitte.
− Hier, bitte schön und gute Reise.
+ Vielen Dank. Auf Wiedersehen.

2 2
a) + Reisebüro Weller. Mein Name ist Katharina Straube. Was kann ich für Sie tun?
− Hallo, hier ist Jan Burmeister. Ich brauche zwei Flugtickets für den 03. Mai mittags von Frankfurt am Main nach Amsterdam. Und am 05. Mai abends zurück – geht das?
+ Moment, bitte ... Ja, das geht. Abflug am 03. Mai um 11.45 Uhr ab Frankfurt am Main, dann sind Sie um 12.55 Uhr in Amsterdam. Der Rückflug ist am 05. Mai um 18.50 Uhr ab Amsterdam mit Ankunft in Frankfurt am Main um 20.00 Uhr.
− Was kosten die Tickets?
+ 129,18 € pro Person, also 258,36 Euro zusammen. Soll ich den Flug buchen?
− Ja, bitte.
+ Auf welchen Namen denn?
− Anna und Jan Burmeister. Moment, ich buchstabiere: B U R M E I S T E R

2 8
Kann ich einen Sitzplatz reservieren?
Muss ich umsteigen?
Ich hätte gern zwei Tickets, erste Klasse, bitte.
Zahlen Sie bar?
Wann geht der nächste Zug nach Luzern?
Moment, ich notiere die Abfahrtszeit.
Tut mir leid, Sie sind zu spät. Der Zug ist weg.

Hörtexte

Ü 6

b) + Hallo, Nils, hier ist Mama. Wann kommst du denn am Mittwoch in Münster an?
– Hi, Mama! Ich komme am Mittwoch mit dem ICE. Der Zug fährt um 15:44 Uhr in Bonn ab und kommt dann um 17:56 in Münster an.
+ Fährst du direkt nach Münster oder steigst du in Köln um?
– Nein, ich fahre durch und muss nicht umsteigen. Ich habe auch einen großen Koffer.
+ Kein Problem. Wir holen dich mit dem Auto vom Bahnhof ab.

Ü 7

+ Guten Tag.
– Guten Tag. Ich hätte gern eine Fahrkarte von Dresden nach Prag.
+ Hin und zurück?
– Nein, eine einfache Fahrt, bitte. Ich fahre am 15.11. nach Prag.
+ Um wieviel Uhr möchten Sie fahren?
– So früh wie möglich. Geht es so gegen 7 Uhr ab Dresden?
+ Moment, ja, die früheste Verbindung geht ab Dresden um 8.08 Uhr morgenS. Sie sind dann um 10.29 Uhr in Prag. Passt Ihnen das?
– Ja, das ist in Ordnung, dann bin ich um 10.29 Uhr in Prag, das ist gut. Wie teuer ist die Fahrkarte?
+ Haben Sie eine BahnCard?
– Nein.
+ Das sind dann 34,60 Euro. Soll ich die Verbindung buchen?
– Ja, bitte. Und ich hätte gern eine Sitzplatzreservierung.
+ Ja, gern. Das macht dann 38,60 Euro. Zahlen Sie bar oder mit Kreditkarte? Und möchten Sie …

Ü 11

b) + Tobi, habt ihr schon euren Sommerurlaub geplant?
– Puh, schwieriges Thema, Lea.
+ Warum? Bekommt Steffi wieder keinen Urlaub im Sommer?
– Nein, nein, wir haben beide im August zwei Wochen frei. Aber wir können uns dieses Jahr nicht entscheiden. Wir wollten vielleicht in die Türkei fahren.
+ Das ist doch super! Wo ist das Problem?
– Ja, es ist super und es gibt auch tolle Angebote: Tolle Hotels direkt am Strand mit super Essen. Aber das ist dann wieder ein typischer Hotelurlaub.
+ Aber das ist doch in Ordnung. Ihr macht doch gerne Hotelurlaub, oder nicht?
– Ja, klar, wir machen gern Hotel- und Strandurlaub, aber das haben wir schon so oft gemacht, eigentlich immer. Ich denke, eine Rundreise ist viel interessanter.
+ Das kann ich gut verstehen, ich finde Strandurlaub auch ein bisschen langweilig. Fahrt doch nach Istanbul und von dort macht ihr eine Rundreise durch die Türkei.
– Ja, das ist eine super Idee! Dann machen wir eine Rundreise und sind auch ein paar Tage am Strand. Danke Lea, ich ruf gleich Steffi an.

Ü 12

+ Guten Tag!
– Guten Tag, wann fährt der nächste Zug nach Hamburg-Altona ab?
+ Einen Moment bitte, der nächste Zug fährt um 14.19 Uhr, das ist in einer Stunde.
– Und wann komme ich in Hamburg-Altona an?
+ Die Ankunft in Hamburg-Altona ist um 20.41 Uhr.
– Gut, von welchem Gleis fährt der Zug ab?
+ Der Zug fährt von Gleis 3. Das ist der ICE 72 bis Hamburg-Altona.
– Vielen Dank.

Station 1

1 3

+ In unserer Sendereihe „Geschäftsideen" stellen wir Ihnen heute Frau Bachmann aus Jena vor. Guten Morgen, Frau Bachmann. Schön, dass Sie heute bei uns sind.
– Guten Morgen und vielen Dank, ich freue mich, hier zu sein.
+ Frau Bachmann, Sie haben vor zwei Jahren einen Sprachenservice gegründet. Woher hatten Sie die Idee?
– Wissen Sie, viele Menschen arbeiten mit Texten und haben internationale Kontakte. Sie haben meistens wenig Zeit und sprechen ein bisschen Englisch, aber oft keine anderen Fremdsprachen …
+ Und Sie selbst?
– Ich habe in der Schule Russisch, Englisch und Latein gelernt und dann Englisch, Spanisch und Germanistik in Rostock studiert.
+ Was genau bietet Ihre Firma als Service an?
– Wir schreiben formelle Briefe auf Deutsch, zum Beispiel an Versicherungen und Ämter. Wir machen Übersetzungen auf Russisch, Spanisch, Englisch und Deutsch. Wir helfen Studenten und Studentinnen bei der Korrektur von Masterarbeiten und Dissertationen. Wir dolmetschen auf Messen und machen manchmal für Firmen Broschüren auf Englisch, Spanisch oder Russisch. Das Text-Design macht ein Informatik-Student für unS. Wissen Sie, es gibt mittlerweile viele kleine Firmen in Thüringen, die jetzt mit internationalen Firmen zusammenarbeiten.
+ Gibt es auch Nachfrage nach anderen Sprachen?
– Ja, wir hatten schon Fragen nach Rumänisch oder Lettisch. Manchmal tauschen wir Aufträge mit anderen Agenturen, die Spezialisten mit anderen Sprachkenntnissen haben. Und seit einem Jahr haben wir auch eine chinesische Mitarbeiterin.
+ Wie sind Sie denn auf die Idee mit dem Sprachenservice gekommen?
– Nach dem Grundstudium in Rostock habe ich ein Masterstudium in Deutsch als Fremdsprache in Jena abgeschlossen. Zuerst wollte ich in Integrationskursen für Migranten arbeiten, aber bei den meisten Instituten hat man nur wenige Stunden bekommen und die Stunden waren nicht gut bezahlt. Man bekommt auch nur die Unterrichtsstunden bezahlt. Es gibt keinen Urlaub und bei Krankheit bekommt man kein Geld. Man hat praktisch nie Feierabend, weil man den Unterricht vorbereiten musS. O. k., jetzt ist meine Arbeitszeit auch lang, aber ich bin mein eigener Chef.
+ Das klingt gut. Schönen Dank und alles Gute für Ihre Firma, Frau Bachmann.

4 Freizeit und Hobbys

1 [2]

b) + Ulf, du läufst Marathon. Wie viele Kilometer sind das?
– Das sind genau 42,195 Kilometer.
+ Boah, das ist aber viel! Wie oft trainierst du in der Woche?
– In der Vorbereitungszeit so zwischen drei bis vier Mal pro Woche.
+ Und wie viele Kilometer läufst du dann?
– Im Schnitt zwischen 70 und 80 Kilometer pro Woche.
+ Wow, das ist viel! Was war denn deine beste Zeit beim Marathon?
– Das war letztes Jahr beim Berlin-Marathon: drei Stunden und 31 Minuten.
+ Und was war dein schönster Marathon?
– Das war der New-York-City-Marathon 2004.

+ Jens, in deiner Freizeit gehst du gerne Zumba tanzen. Du siehst eigentlich gar nicht so aus – Was gefällt dir an Zumba?
– Zumba ist eine Mischung aus Salsa und Aerobic. Die Musik ist super, meistens Latino-Rhythmen und man macht Zumba in der Gruppe. Man merkt gar nicht, dass man Sport macht. Jede Stunde ist wie eine Party und man kann auch noch abnehmen oder sich fit halten.
+ Und wie oft in der Woche trainierst du?
– Zweimal, am Donnerstagabend und am Samstagmittag.
+ Aha, und wo kann man Zumba lernen?
– Ich gehe in einen Kurs im Fitness-Studio.

+ Ping, dein Hobby ist Wandern. Das ist nicht gerade typisch für eine Chinesin, oder?
– Nein, ich habe dieses Hobby erst in Deutschland entdeckt.
+ Aber ist Wandern nicht ziemlich langweilig?
– Nein, gar nicht. Ich bin gerne in der Natur, in den Bergen. Ich kann mich entspannen und viele neue Sachen entdecken. Ich bin ja nicht so schnell unterwegs wie mit dem Auto oder der Bahn.
+ Wann gehst du wandern?
– Meistens am Wochenende, in der Woche muss ich zur Uni oder mich auf die Seminare vorbereiten.
+ Gehst du allein?
– Nein, mit Freunden, das ist immer lustig.
+ Wie oft geht ihr wandern?
– Ein- oder zweimal im Monat. Wir wandern dann so drei bis vier Stunden, das sind oft 15 oder 20 Kilometer!

2 [6]

1. + Was machst du so in deiner Freizeit?
– Sport, aber nicht aktiv. Am liebsten sehe ich mir Fußballspiele im Fernsehen an. Und du?
+ Ach nee, nur Fernsehen ist mir zu langweilig. Ich treffe mich lieber mit Freunden in der Sporthalle. Wir spielen Basketball, manchmal auch Volleyball.

2. + Hast du ein Hobby?
– Ja, Ballett. Ich mag Bewegung und klassische Musik und gehe zweimal in der Woche zum Ballett-Training. Und du?
+ Ein Mann mag Ballett, super! Ich interessiere mich mehr für Tiere, vor allem für Pferde. Ich freue mich schon auf meine nächste Reitstunde am Dienstag.

4 [3]

1. Aua, ich habe mich geschnitten!
2. Iii, in meinem Bett ist eine Spinne!
3. Mist, jetzt ist die Vase kaputt!
4. Oh, was ist das denn?
5. Juhu, wir haben im Lotto gewonnen!

Ü [6]

a) + Hi Jovan, willkommen bei Campus Radio Augsburg.
– Hallo!
+ Heute ist unser Thema: Freizeitaktivitäten. Was sind deine Hobbys?
– Die Musik! Ich liebe Musik, ich spiele in einer Band und höre auch sehr gerne Musik.
+ Was machst du für Musik?
– Ich spiele Gitarre in einer Band.
+ Super, und tanzt du auch gern?
– Nein, ich tanze nicht gern. Ich kann auch nicht gut tanzen.
+ O. k., und was ist mit Sport? Machst du auch Sport?
– Ja, ich spiele gerne Handball. Ich treffe mich oft am Samstag mit Freunden, dann spielen wir zusammen. Manchmal gehe ich auch laufen, aber das finde ich ziemlich langweilig.
+ Was machst du noch in deiner Freizeit? Spielst du z. B. auch Computer?
– Nein, Computer spiele ich nie, aber ich lese gern und viel. Am liebsten lese ich Zeitschriften, natürlich über Musik.
+ Danke, Jovan, für das Interview. Wir fragen jetzt noch mehr Studenten …

Ü [7]

b) + Was machst du gern in deiner Freizeit?
+ Ich spiele gern Computer.
– Und was findest du langweilig?
+ Ich finde Fernsehen gucken langweilig.
– Und was machst du am liebsten?
+ Am liebsten treffe ich mich mit Freunden.

Ü [8]

b) Sabrina und Markus haben sich mit Freunden zum Essen verabredet. Sie freut sich auf den Abend, aber Markus hat keine Lust.
+ Markus, bist du schon fertig?
– Ich muss mich noch rasieren und ich will mich noch umziehen.
+ Mach bitte schnell, ich möchte nicht schon wieder zu spät kommen. Du weißt doch, Anne ärgert sich immer so schnell.
– Jaaa. Warum treffen wir uns so oft mit Anne und Jörg?
+ Nie interessierst du dich für meine Freunde! Du willst dich lieber mit deinen Freunden treffen, stimmt's?
– Nein, ich mag deine Freunde. Ich unterhalte mich nur besser mit meinen Freunden.
+ Ja, ich weiß. Aber komm jetzt!

Ü 13

+ Hi Mark, wie geht's dir? Was machst du denn da?
− Hi Leyla, mir geht's gut. Ich suche einen Verein in Köln. Ich möchte wieder Sport machen und neue Leute kennenlernen.
+ Ja, das ist eine gute Idee. Möchtest du wieder Basketball spielen?
+ Ja, ich möchte schon, ich kann aber nicht. Meine Schulter ist doch kaputt. Es gibt einen super Verein – die Rheinstars Köln, aber Basketball kann ich leider nicht mehr spielen.
+ Ach ja, stimmt. Was ist das denn?
− Die Volkstanzfreunde Köln e. V.!
+ Ein Volkstanzverein? Mark, das ist doch eine super Idee, oder?
− Hey, ich bin doch nicht mein Vater! Nein, ich will nicht tanzen.
+ Bei Köln muss ich immer an Karneval denken. Es gibt viele Kölner Karnevalsvereine.
− Ja, stimmt. Aber ich will nicht Karneval feiern. Das gefällt mir nicht. Ich möchte Sport machen, wie z. B. Schwimmen oder Reiten.
+ Schwimmen finde ich langweilig, aber Reiten ist super. Geh doch in einen Reitverein!
− Reiten! Reiten ist eine gute Idee, ich bin als Kind auch oft geritten. Meinst du, ich finde hier einen guten Reitverein?
+ Klar! Schauen wir mal, mmhh, ja hier, der Reitverein Porz e. V., der sieht gut aus, oder?

Ü 17

b) 1. Mhhmm, ich weiß nicht, was ich machen soll!
2. Was? Du kommst morgen nicht zu meinem Marathon?
3. Morgen spielen wir Fußball! Morgen spielen wir Fußball!
4. Mein Fußballverein hat schon wieder verloren.

Ü 18

b) 1. Aua, das tut weh!
2. Juhuu, endlich Ferien!
3. Iiiii, eine Spinne!
4. Mist, mein Handy ist aus!
5. Oh, was für schöne Blumen.

5 Medien im Alltag

3 2

1 + Hallo, wir machen eine Umfrage zum Thema Internet. Darf ich fragen, ob Sie einen Internetanschluss haben?
− Ja, haben wir.
+ Gut, dann möchte ich gerne wissen, ob Sie auch über das Internet einkaufen?
− Ja, manchmal schon. Ich habe schon Bücher und DVDs über das Netz bestellt.
+ Ah ja, und waren Sie zufrieden mit dem Kauf?
− Absolut, es gab keine Probleme, so wie im Geschäft auch. Ich finde es sehr praktisch, wenn man wenig Zeit hat oder etwas im Ausland bestellt.

2 + Entschuldigen Sie, bitte. Kann ich Ihnen ein paar Fragen zum Thema Internet und Online-Einkauf stellen?
− Ja, warum nicht?
+ Mich interessiert, ob Sie schon einmal etwas im Internet gekauft haben?
− Ja. Zum Beispiel hat mir ein Freund den Tipp gegeben, dass man im Internet billige Flüge buchen kann. Also habe ich einen Flug nach Oslo gesucht und gebucht. Er war schon billig, aber es gab Probleme.
+ Wirklich? Darf ich fragen, was passiert ist?
− Naja, ich musste am Check-in für den Koffer extra Geld bezahlen. Im Flugzeug gab es nur Getränke, die man extra bezahlen musste. Die waren sehr teuer. Am Ende war der ganze Billigflug gar nicht mehr so billig. Ich kaufe nichts mehr online ein!

3 + Hallo, haben Sie vielleicht kurz Zeit für ein Interview?
− Ja, okay.
+ Haben Sie schon mal was im Internet gekauft?
− Tja, also ich kaufe sehr oft über das Internet. Vor allem Sachen für meinen PC, Software und so, und häufig auch CDs oder Filme.
+ Online-Einkaufen ist also ganz normal für Sie?
− Total, wissen Sie, ich bin Informatiker. Ich bestelle sogar Lebensmittel für meine Mutter über das Internet. Auch alle meine Reisen buche ich online. Es geht eben schnell und ist sehr bequem.

3 3

surfen – mailen – googeln – posten – liken – bloggen – simsen – skypen

Ü 1

+ Liebe Hörerinnen und Hörer, ich begrüße Sie bei der Umfrage der Woche. Heute geht es um das Thema Medien. Wir haben einen ersten Anrufer. Hallo, mit wem spreche ich?
− Guten Tag, ich heiße Helge Probst und komme aus Frankfurt.
+ Guten Tag, Herr Probst! Welche Medien nutzen Sie denn im Alltag?
− Ich lese zum Beispiel jeden Tag Zeitung. Und nach dem Mittagessen hören meine Frau und ich auch gern Radio, das machen wir mehrmals pro Woche. Ich schaue aber zum Beispiel selten Fernsehen, die meisten Sendungen gefallen mir nicht. Und seit einem Jahr habe ich auch ein Handy, das war ein Geschenk meiner Kinder: Ja, und ich finde, dass es sehr praktisch ist.
+ Vielen Dank, Herr Probst, und wer ist der Anrufer Nummer zwei?
• Hi, ich bin Aaron und ich bin ein großer Musikfan, ich höre ständig Musik. Meinen MP3-Player habe ich eigentlich immer dabei. Zu Hause höre ich aber Musik mit meiner Stereoanlage. Und manchmal höre ich Schallplatten, aber dafür brauche ich Zeit und Ruhe und das ist selten. Außerdem arbeite ich auch viel mit meinem Notebook.
+ Danke, Aaron, ich wünsche dir noch einen schönen Tag! Mit wem spreche ich jetzt?
° Hallo, ich heiße Samir und ich benutze Medien fast immer. Was ich immer bei mir habe, ist mein Smartphone, das ist ja heute normal. Und ich sehe gern fern, fast jeden Tag. Aber ich benutze nicht nur neue Medien. Ich lese zum Beispiel auch viele Bücher und häufig die Zeitung. Nur Radio höre ich fast nie. Aber ich finde, …

Ü 3

a) Gestern haben wir eine kleine Umfrage zu den Vor- und Nachteilen von neuen Medien gemacht. Und das denken die Bremer über die neuen Medien. Viel Spaß beim Zuhören!
– Früher haben meine Freunde und ich oft diskutiert wie z. B. die Frage, wie schnell laufen Marathonläufer? Heute schaut man sofort im Internet nach, es gibt keine Diskussion mehr. Es ist toll, dass es viele Informationen im Internet gibt, aber ich finde es schade, dass man nicht mehr so viel diskutiert.
– Mit meinem Smartphone habe ich immer Internet! Ich kann meine E-Mails im Zug lesen und schreiben. Das muss ich dann nicht mehr zu Hause machen, das ist doch praktisch!
– Ich finde Medien sehr wichtig, ich bin Lehrer und im Unterricht arbeite ich viel mit Medien. Die Schüler arbeiten gerne am Notebook oder Tablet. Ich glaube, sie lernen mit Medien schneller und lieber!

Ü 8

b) 1. Hallo, ich heiße Hannah und ich habe mein Handy immer bei mir.
2. Ich höre jeden Tag Radio, mein Handy benutze ich nicht mehr.
3. Lesen ist mein Hobby. Mit einer Zeitung kann ich mich gut ausruhen.
4. Ich wohne mit meiner Familie und meinem Hund in einem Haus in Hamburg.

Ü 16

+ Guten Tag. Was kann ich für Sie tun?
– Guten Tag. Ich habe zum Geburtstag zweimal diesen MP3-Player bekommen. Einen möchte ich bitte umtauschen.
+ Haben Sie den Kassenzettel?
– Naja, es war ja ein Geschenk. Aber meine Tante hat den MP3-Player hier bei Ihnen gekauft.
+ Es tut mir leid, ich brauche den Kassenzettel. Ohne Kassenzettel kann ich den MP3-Player leider nicht umtauschen. Aber fragen Sie doch Ihre Tante. Sie hat den Kassenzettel bestimmt noch zu Hause.
– Ja, ich rufe sie an. Und bekomme ich dann das Geld zurück?
+ Ja, natürlich bekommen Sie dann das Geld zurück.
– Danke.
+ Auf Wiedersehen.

Ü 17

– Guten Tag. Was kann ich für Sie tun?
+ Guten Tag. Ich habe letzte Woche bei Ihnen ein Notebook gekauft. Das möchte ich reklamieren. Es geht nicht mehr.
– Haben Sie es schon einmal neu gestartet?
+ Ja, das habe ich schon gemacht, aber es funktioniert nicht. Der Monitor bleibt schwarz.
– Tja, da müssen wir uns das Notebook genau ansehen und es reparieren.
+ Auf dem Kassenzettel steht, dass ich sechs Monate Garantie habe.
– Das stimmt. Sie müssen die Reparatur natürlich nicht bezahlen.
+ Wie lange dauert das denn?
– Das kann ich Ihnen leider nicht sagen. Wir müssen uns das Notebook erst ansehen. Aber wir reparieren es so schnell wie möglich.
+ Gut, dann bringe ich Ihnen morgen das Notebook. Auf Wiedersehen.
– Auf Wiedersehen.

6 Ausgehen, Leute treffen

2 2

b) + Guten Tag, was darf es sein, bitte?
– Bringen Sie uns bitte die Speisekarte.
+ Gerne, darf es schon was zu trinken sein?
– Ja, einen Apfelsaft und ein alkoholfreies Bier, bitte.
+ Kommt sofort.
– Hab ich einen Hunger!
* Und ich erst! Was nimmst du?
– Steak. Das Rumpsteak mit Grilltomate. Und eine Gulaschsuppe. Und du?
* Ich weiß noch nicht. Hmm, vielleicht das Wiener Schnitzel mit Pommes und Salat.
– Und noch ein Dessert? Vanilleeis mit heißen Kirschen, oder?
* Nein, das ist zu süß. Ich möchte lieber den Apfelstrudel.
– Ich nehme das Vanilleeis mit heißen Kirschen. Herr Ober, bitte …

3 1

c) + Dario, du hast gerade deine Ausbildung zum Fachmann für Systemgastronomie beendet. Wo hast du die Ausbildung gemacht?
– Bei einer Restaurant-Kette, die man überall auf der Welt findet. Viele Restaurantketten bieten Ausbildungsplätze an.
+ Was musstest du in der Ausbildung tun?
– Kochen, aber ich hab auch viel im Service gearbeitet, also Gäste beraten und bedient, Produkte bestellt, die Produktqualität kontrolliert und an der Kasse gearbeitet. Ich war auch im Büro. Da habe ich dann das Marketing kennengelernt, bei einer Produktpräsentation geholfen und Abläufe organisiert.
+ Wie lange ist so eine Ausbildung?
– Drei Jahre und es hat alles super viel Spaß gemacht, weil man jeden Tag etwas anderes tun muss. Planung und Organisation sind genau mein Ding, das macht mir Spaß, und auf die Organisation eines Restaurants möchte ich mich spezialisieren.

4 2

b) + Anneliese, wie hast du deinen Mann kennengelernt?
– Ich habe Werner 1968 kennengelernt. Eine Freundin hat mich zur Silvesterparty im Ballhaus mitgenommen. Ich habe mich mit ihm sofort gut verstanden. Er war so sympathisch … und ich habe mit ihm die ganze Nacht getanzt – eigentlich war es Liebe auf den ersten Blick!
+ Und wie ging es dann weiter?
– Wir haben uns dann gleich für das nächste Wochenende verabredet. Wir waren in der Stadt und haben die neueste Beatles-Platte gekauft. Werner war wie ich Beatles-Fan, wir haben alle Platten gesammelt. Mit ihm konnte ich stundenlang Musik hören.

einhundertdreiundvierzig | **143**

Hörtexte

+ Und wann habt ihr geheiratet?
– 1970. Unsere Freunde haben uns Karten für ein Beatles-Konzert geschenkt. Das war damals etwas ganz Tolles! Danach hatten wir aber nicht mehr viel Zeit für Konzerte, weil wir drei Kinder hatten. Die haben uns aber auch viel Freude gemacht! Mit ihnen und den sieben Enkeln haben wir unseren 40. Hochzeitstag in unserem Ferienhaus in Italien gefeiert.

Ü 2

1. … und hier unsere Tipps für Ihren Feierabend. Im „Theater am Richardplatz" gibt es heute Abend das „Leben des Galilei" von Bertolt Brecht. Um 19.30 Uhr von Brecht das „Leben des Galilei" im „Theater am Richardplatz".
2. … manche mögen's heiß! Zu einer Salsa-Nacht lädt der Tanzsportverein „Rot-Weiß" ein. Wo? In der Tanzschule „Ritter". Wann? Ab 20 Uhr. Die „Salsa-Nacht" in der Tanzschule „Ritter" ab 20 Uhr.
3. … Sind Sie ein Jazzfan? Dann haben wir hier einen Tipp für Sie, den „After Work Jazz", heute ab 18 Uhr mit dem Per-Olof-Quintett im „Cuba Club". Das Per-Olof-Quintett heute im „Cuba Club" ab 18 Uhr.
4. … Sie haben den Kinofilm „Meine Schwestern" noch nicht gesehen? Ab heute kommt der Film ins Diana-Kino am Boxgraben. Der Film läuft um 17.30 Uhr und um 20 Uhr. Noch einmal: Um 17.30 Uhr und um 20 Uhr können Sie den Film „Meine Schwestern" im Diana-Kino sehen.

Ü 3

+ Wie viel Zeit haben wir noch bis das Seminar beginnt?
– Ähm, eine halbe Stunde. Wir können noch einen Kaffee trinken.
+ Super! Wir müssen auch noch den Freitagabend planen.
– Ja, ich habe Lust mit euch zu kochen. Wir könnten uns bei mir treffen mit Hanna und Paul. Was meinst du?
+ Ja, das hört sich gut an. Kochen finde ich super! Ich frage auch noch Marek, o. k.?
– Ja, natürlich. Ich hätte Lust danach noch eine DVD zu gucken!
+ Ach, nee, ich würde lieber in eine Kneipe oder in einen Club gehen. Es ist doch Freitagabend!
– Ich habe aber keine Lust, in einen Club zu gehen, ich muss am Samstag früh aufstehen.
+ Dann kochen wir erst bei dir und gehen dann noch in die Kneipe „Ritter".
– Ja, das hört sich super an. Ich mag die Kneipe. Und im „Ritter" kann man doch auch Billard spielen, oder?
+ Ja, dann spielen wir Billard und hören Live-Musik. Ich hole uns mal einen Kaffee, was willst du …

Ü 8

• Habt ihr schon gewählt?
+ Ja, ich hätte gern den kleinen Salatteller. Ist der Salat mit Käse?
– Nein, aber wenn du möchtest, bringe ich den Salat mit Käse.
+ Ja, gern! Dann nehme ich den Salat mit Käse und dann hätte ich gern die Fisch-Pfanne. Aber könnte ich bitte Kartoffeln statt Bratkartoffel haben?
• Ja, natürlich, das ist kein Problem. Und was kann ich dir bringen?
– Ich nehme den Gemüseauflauf. Und vorher hätte ich bitte noch eine Suppe. Ist die Frühlingssuppe mit Fleisch?
• Ja, die Frühlingssuppe ist mit Fleisch, aber die Tomatensuppe ist vegetarisch.
– Dann nehme ich bitte die Tomatensuppe.
• Was möchtet ihr trinken?
– Wir hätten gern eine große Flasche Mineralwasser.
• Ich hätte gern noch eine Coca-Cola, oder nein, lieber ein Bier.
– Ja, gern. Eine Flasche Mineralwasser und ein Bier!

Ü 10

+ Was kann ich Ihnen zu Essen bringen?
– Ich hätte gern einen gemischten Salat mit Putenbruststreifen.
+ Gern. Ist das alles?
– Noch ein Toast mit Tomate, bitte.
+ Was möchten Sie trinken?
– Ich nehme einen Kaffee.

Alphabetische Wörterliste

Die alphabetische Wörterliste enthält den Lernwortschatz der Einheiten. Zahlen, grammatische Begriffe sowie Namen der Personen, Städte und Länder sind in der Liste nicht enthalten.

Wörter, die nicht zum Zertifikatswortschatz gehören, sind kursiv ausgezeichnet.

Die Zahlen bei den Wörtern geben an, wo Sie die Wörter in den Einheiten finden (z. B. 5/3.4 bedeutet Einheit 5, Block 3, Aufgabe 4).

Die Punkte (.) und die Striche (–) unter den Wörtern zeigen den Wortaktzent:
a̧ = kurzer Vokal
a̱ = langer Vokal

A

	abfahren, er fährt ab, er ist abgefahren	3/2.1b
	abfragen, er fragt ab, er hat abgefragt	5/4.3b
der	Ablauf, die Abläufe	6/3.1b
	abnehmen (etw.), er nimmt etw. ab, er hat etw. abgenommen	5/4.3b
	abonnieren (etw.), er abonniert etw., er hat etw. abonniert	1/3.1
	abrufen, er ruft ab, er hat abgerufen	5/2.4a
	absagen, er sagt ab, er hat abgesagt	Start 2.2a
	abschließen (etw., z. B. Studium), er schließt ab, er hat abgeschlossen	1/2.1a
der/die	Absender/in, die Absender/innen	5/2.1a
	abtrocknen (sich), er trocknet sich ab, er hat sich abgetrocknet	4/2.5a
die	*Acrylfarbe, die Acrylfarben*	4/0
die	Adresse, die Adressen	5/2.1a
	ägyptisch	5/0
	aktuell	4/2.1a
	alarmieren, er alarmiert, er hat alarmiert	2/4.1a
der	Alltag	4/2.1a
das	Alter	6/4.5a
	ältere, ältere, ältere	2/3.1b
die	*Ameise, die Ameisen*	3/4.3a
das	Amt, die Ämter	4/5
	anderthalb	2/3.1b
der	Anfang (am Anfang)	1/0
die	*Angel, die Angeln*	4/0
	anhören (sich), es hört sich an, es hat sich angehört	1/4.3a
	ankommen, er kommt an, er ist angekommen	3/2.1b
	anmelden (sich), er meldet sich an, er hat sich angemeldet	6/4.5a
	ansprechen, er spricht jmdn. an, er hat jmdn. angesprochen	6/4.5a
	antik	5/5.6a
die	Antwort, die Antworten	5/2.1a
die	App (Application), die Apps	5/0
das	*Aquädukt, die Aquädukte*	Start 1
das	*Aquarium, die Aquarien*	6/0
	arabisch	1/2.1a
die	Arbeitserlaubnis	1/0
der/die	Arbeitskollege/kollegin, die Arbeitskollegen/kolleginnen	5/2.4b
die	Arbeitskraft, die Arbeitskräfte	2/3.1b
	ärgern (sich über etw.), er ärgert sich, er hat sich geärgert	4/5
	auf der einen Seite ... auf der anderen Seite	4/2.1a
	aufdecken, er deckt auf, er hat aufgedeckt	6/3.4
der	Aufenthalt, die Aufenthalte	2/3.1b
die	Aufgabe, die Aufgaben	2/3.1b
	aufgeregt	4/4.2
	aufkleben, er klebt auf, er hat aufgeklebt	5/2.1b
	aufräumen, er räumt auf, er hat aufgeräumt	2/3.1b
	aufregen (sich über etw.), er regt sich auf, er hat sich aufgeregt	4/5
das	Au-pair, die Au-pairs	2/3.1b
	ausdrucken, er druckt aus, er hat ausgedruckt	3/2.1b
das	Auslandssemester, die Auslandssemester	1/0

Wörterliste

ausleihen, er leiht etw. aus, er hat etw. ausgeliehen	5/0
ausschlafen, er schläft aus, er hat ausgeschlafen	4/2.1a
aussehen, er sieht aus, er hat ausgesehen	Start 1
aussteigen, er steigt aus, er ist ausgestiegen	3/2.7
ausziehen (etw.), er zieht etw. aus, er hat etw. ausgezogen	5/2.1b
der/die **Aus**zubildende, die Auszubildenden	6/3.2a
der **Au**toschlüssel, die Autoschlüssel	3/0

B

das **Ba**bysitting	2/3.1b
die **Bahn**Card, die BahnCards	3/1.1
b**a**r	3/2.1b
der **Bas**ketball, die Basketbälle	4/0
basteln, er bastelt, er hat gebastelt	2/3.1b
b**au**en, er baut, er hat gebaut	Start 1
der **Bau**ernsalat, die Bauernsalate	6/3.3a
be**ar**beiten, er bearbeitet, er hat bearbeitet	5/0
be**en**den (etw.), er beendet etw., er hat etw. beendet	6/3.4
be**fra**gen, er befragt, er hat befragt	2/4.1a
be**grü**ßen, er begrüßt, er hat begrüßt	Start 3.1a
be**kannt**	Start 3.3
be**nu**tzen, er benutzt, er hat benutzt	1/3.2
be**rich**ten, er berichtet, er hat berichtet	1/0
be**ruf**lich	3/1.2
die Be**rufs**ausbildung, die Berufsausbildungen	6/3.2a
be**schäf**tigen (sich mit etw./jmd.), er beschäftigt sich mit ihm, er hat sich mit ihm beschäftigt	6/4.5a
be**schlie**ßen, er beschließt, er hat beschlossen	3/4.3a
be**schrei**ben, er beschreibt, er hat beschrieben	2/4.4a
be**spre**chen (etw. mit jmdm.), er bespricht etw., er hat etw. besprochen	5/2.4b
be**steh**en aus, er besteht aus, er bestand aus	6/3.3a
die Be**stel**lung, die Bestellungen	5/3.1
be**tra**gen, etw. beträgt, etw. hat betragen	2/3.1b
be**trei**ben, er betreibt, er hat betrieben	4/3.1
das **Bier**chen, die Bierchen	6/0
der **Bier**garten, die Biergärten	4/4.1b
bieten, er bietet, er hat geboten	5/5.6a
das **Bild** (sich ein Bild machen von etw.), er macht sich ein Bild von etw., er hat sich ein Bild von etw. gemacht	6/4.5c
das **Bil**lard	4/3.3
der **Blog**, die Blogs	5/3.3a
bloggen, er bloggt, er hat gebloggt	5/3.3a
blond	2/4.1a
der **Blu**menstrauß, die Blumensträuße	2/2.10
die **Bre**zel, die Brezeln	3/3.2
der **Brief**kasten, die Briefkästen	5/2.1a
die **Brief**marke, die Briefmarken	4/1.4
die **Brief**markensammlung, die Briefmarkensammlungen	5/5.5
britisch	1/4.1a
die **Brot**zeit	Start 3.3
buchen (etw.), er bucht etw., er hat etw. gebucht	1/2.2a
die **Bu**chung, die Buchungen	5/3.2
bügeln, er bügelt, er hat gebügelt	2/3.1b
der/die **Bun**desbürger/in, die Bundesbürger/innen	4/2.1a
der/die **Bun**deskanzler/in, die Bundeskanzler/innen	Start 3.3
das **Bür**geramt, die Bürgerämter	1/0

C

die **Chan**ce, die Chancen	1/0
chatten, er chattet, er hat gechattet	5/1.2
die **Chif**fre, die Chiffren	5/5.5
chi**ne**sisch	6/2.6
der/die Com**pu**ternutzer/in, die Computernutzer/innen	5/3.1
der/die Cous**in**/e, die Cousins/Cousinen	2/2.1b

D

dab**ei**	3/4.3a
dar**ü**ber	1/0
d**ass**	2/4.3a
die Dat**ei**, die Dateien	5/4.3b
dauern, es dauert, es hat gedauert	3/2.5
da**zu**	1/4.3a
der Dia**lekt**, die Dialekte	1/3.2
die Diskussi**on**, die Diskussionen	6/4.5a
dorthin	1/0

Wörterliste

    d<u>o</u>wnloaden (etw.), *er loadet etw. down,*
er hat etw. downgeloadet   5/0
    dr<u>au</u>ftreten, *er tritt drauf,*
er ist draufgetreten   1/4.3a
    dr<u>u</u>cken (etw.), *er druckt etw.,*
er hat etw. gedruckt   5/4.3b

E

    <u>e</u>ben   5/4.3b
    <u>e</u>cht   4/4.1b
der **<u>E</u>hering**, *die Eheringe*   2/0
    <u>e</u>hrlich   6/4.5a
    <u>ei</u>ncremen (sich), *er cremt sich ein,*
er hat sich eingecremt   4/2.5a
    <u>ei</u>nladen (zu etw.), *er lädt ein,*
er hat eingeladen   1/4.3a
    <u>ei</u>nwerfen, *er wirft ein,*
er hat eingeworfen   5/2.1b
der/die **<u>Ei</u>nwohner/in**,
die Einwohner/innen   4/3.3
das **<u>Ei</u>nzelkind**, *die Einzelkinder*   2/1.3
    elektr<u>o</u>nisch   4/2.1a
die **El<u>e</u>ktrotechnik**   1/2.1a
die **Emoti<u>o</u>n**, *die Emotionen*   4/4.2
das **<u>E</u>nde (zu <u>E</u>nde)**   4/4.1a
der **<u>E</u>nergy Drink**,
die Energy-Drinks   Start 3.3
    <u>e</u>nglisch   1/4.2
der/die **<u>E</u>nkel/in**, *die Enkel/innen*   2/1.1a
das **<u>E</u>nkelkind**, *die Enkelkinder*   2/1.1a
    entf<u>e</u>rnt   1/4.3a
die **Entsch<u>ei</u>dung**, *die Entscheidungen*   3/4.3a
der **Erf<u>o</u>lg**, *die Erfolge*   1/0
    erfr<u>eu</u>t   4/4.2
die **Erh<u>o</u>lung**   4/2.1a
    er<u>i</u>nnern (sich an etw.),
etw. erinnert (mich) an etw.   1/4.3a
    <u>e</u>rnst   6/4.5a
    erz<u>ä</u>hlen, *er erzählt, er hat erzählt*   4/4.1b
    <u>e</u>twa   2/3.1b
    europ<u>ä</u>isch   Start 1
das **Ex<u>a</u>men**, *die Examen*   1/0
die **<u>E</u>x-Frau**, *die Ex-Frauen*   6/4.5a
der **<u>E</u>x-Mann**, *die Ex-Männer*   6/4.5a
der/die **Exp<u>e</u>rte/Exp<u>e</u>rtin**,
die Experten/Expertinnen   6/4.5a

F

die **F<u>a</u>hrkarte**, *die Fahrkarten*   3/2.1b
der **F<u>a</u>hrplan**, *die Fahrpläne*   3/2.4
der **F<u>a</u>hrschein**, *die Fahrscheine*   3/2.3

    fantas<u>ie</u>reich   1/0
das **F<u>a</u>ss**, *die Fässer*   6/2.4a
    faszin<u>ie</u>ren   1/2.1a
der **F<u>e</u>rnbus**, *die Fernbusse*   3/2.3
das **F<u>e</u>rnsehen**   1/4.3
das **F<u>e</u>st**, *die Feste*   4/3.1
die **F<u>i</u>rma**, *die Firmen*   1/2.1a
die **F<u>i</u>tness**   4/1.3a
die **Fl<u>ie</u>ge**, *die Fliegen*   6/3.3a
der **Fl<u>u</u>g**, *die Flüge*   1/0
das **Fl<u>u</u>gzeug**, *die Flugzeuge*   6/3.2b
der **Fl<u>y</u>er**, *die Flyer*   3/1.1
die **F<u>o</u>rm (etw. in F<u>o</u>rm bringen)**,
er bringt etw. in Form,
er hat etw. in Form gebracht   4/1.3a
die **F<u>o</u>rschung**   4/2.1a
    f<u>o</u>rtsetzen (sich), *etw. setzt sich fort,*
etw. hat sich fortgesetzt   4/2.1a
die **Fr<u>ei</u>zeitaktivität**,
die Freizeitaktivitäten   4/2.1a
das **Fr<u>ei</u>zeitangebot**,
die Freizeitangebote   4/2.1a
    fr<u>e</u>md   2/3.1b
die **Fr<u>eu</u>de (jmdm. eine Fr<u>eu</u>de machen)**,
er macht ihr eine Freude,
er hat ihr eine Freude gemacht   6/4.2a
    f<u>ü</u>hren (ein Telefon<u>a</u>t führen),
er führt ein Telefonat,
er hat ein Telefonat geführt   5/0
die **Funkti<u>o</u>n**, *die Funktionen*   5/2.4a
    f<u>u</u>rchtbar   4/4.1b
die **F<u>u</u>ßballnationalmannschaft**,
die Fußballnationalmannschaften   Start 3.3
der/die **F<u>u</u>ßgänger/in**,
die Fußgänger/innen   Start 1.1b

G

die **G<u>a</u>bel**, *die Gabeln*   6/2.7
die **Garant<u>ie</u>**, *die Garantien*   5/5.3b
der **G<u>a</u>rtenbauverein**,
die Gartenbauvereine   4/3.3
der/die **G<u>a</u>starbeiter/in**,
die Gastarbeiter/innen   1/0
die **G<u>a</u>ststätte**, *die Gaststätten*   2/2.9a
    g<u>e</u>ben
(Das gibt's doch gar nicht!)   4/4.1b
    gebo<u>r</u>en (sein), *er ist geboren*   Start 3.3
die **Geb<u>u</u>rt**, *die Geburten*   2/1.1a
die **Geb<u>u</u>rtstagsfeier**,
die Geburtstagsfeiern   2/2.9a
das **Gef<u>ü</u>hl**, *die Gefühle*   1/0

Wörterliste

	geheimnisvoll	1/4.3a
	gehen (um etw.), es geht um etw., es ging um etw.	6/4.5a
	gehören (jmdm.), es gehört ihm, es hat ihm gehört	1/4.2
	gelangweilt	4/4.2
	genug	6/4.6a
	gerade	1/4.3a
das	Gericht, die Gerichte	1/0
	gern: am liebsten	4/2.2
der	Geruch, die Gerüche	1/4.3a
die	Geschichte, die Geschichten	2/4.4a
	geschieden	2/1.3
die	Geschwister (Pl.)	2/0
der	Gespritzte, die Gespritzten	6/3.3a
das	Gewicht, die Gewichte	6/4.5c
	gewinnen, er gewinnt, er hat gewonnen	4/4.3a
das	Gleis, die Gleise	3/2.6
der	Glückwunsch, die Glückwünsche	2/2.10
der	Goldring, die Goldringe	5/5.5
	googeln, er googelt, er hat gegoogelt	5/3.3a
das	Grammophon, die Grammophone	5/0
	gratis	1/3.1
der/die	Grieche/Griechin, die Griechen/Griechinnen	1/0
	griechisch	6/3.3a
die	Grilltomate, die Grilltomaten	6/2.4a
die	Großmutter, die Großmütter	2/2.3
der	Großvater, die Großväter	1/0
der	Grund, die Gründe	1/0
	Grüß Gott!	Start 3.1a
die	Gulaschsuppe, die Gulaschsuppen	6/2.4a
das	Gymnasium, die Gymnasien	1/0

H

die	Hälfte, die Hälften	2/3.1b
die	Handcreme, die Handcremes	3/0
	häufig	5/3.1
die	Hauptmahlzeit, die Hauptmahlzeiten	Start 3.3
die	Hausarbeit, die Hausarbeiten	2/3.1b
	heimelig	1/4.3a
der	Heimtrainer, die Heimtrainer	5/5.5
das	Heimweh	2/3.1b
	heiraten, er heiratet, er hat geheiratet	1/2.5
	hektisch	4/2.1a
die	Herausforderung, die Herausforderungen	1/0
	herrlich	1/0
	herunterladen, er lädt herunter, er hat heruntergeladen	5/4.1
	herzlich	2/2.9a
	Herzlichen Glückwunsch!	2/2.10
	hin	3/2.1b
die	Hinfahrt, die Hinfahrten	3/2.3
der	Hinflug, die Hinflüge	3/2.2a
	hingehen, er geht hin, er ist hingegangen	6/0
	hinten	2/1.1a
	hinter	2/1.1a
	hoch	1/4.1b
die	Hochzeit, die Hochzeiten	2/0
das	Holz, die Hölzer	Start 1
	hunderte	3/4.1b

I

die	Informatik	2/4.1a
der/die	Informatiker/in, die Informatiker/innen	5/3.2
	inklusive	2/3.1b
die	Innenstadt, die Innenstädte	Start 2.3b
	insgesamt	4/1.3a
der	Intensivkurs, die Intensivkurse	1/0
der	Intercity, die Intercitys	1/4.1a
das	Interesse, die Interessen	4/2.2
das	Internet	4/2.1a
der/die	Internet-Flirter/in, die Internet-Flirter/innen	6/4.5a
das	Internetforum, die Internetforen	5/3.3a
der/die	Internetkäufer/in, die Internetkäufer/innen	5/3.1
das	Interview, die Interviews	2/2.6
der/die	Interviewpartner/in, die Interviewpartner/innen	5/3.2
der/die	Italiener/in, die Italiener/innen	1/0
	italienisch	1/3.2

J

	japanisch	1/4.1a
das	Japanisch	4/4
der/die	Journalist/in, die Journalisten/Journalistinnen	6/3.3a
	jung	1/0

K

die	Kalenderfunktion, die Kalenderfunktionen	5/2.4a
die	Kaninchenzucht, die Kaninchenzuchten	4/3.3
der	Kaninchenzuchtverein, die Kaninchenzuchtvereine	4/3.3

Wörterliste

das **Karat**	5/5.5
die **Kartoffelkrokette**, die Kartoffelkroketten	6/2.4a
das **Käse-Fondue**, die Käse-Fondues	6/3.5b
der **Kassenzettel**, die Kassenzettel	5/5.3b
der **Katalog**, die Kataloge	3/1.1
die **Katastrophe**, die Katastrophen	4/4.1b
der **Kaugummi (auch: das)**, die Kaugummis	3/0
der **Keks**, die Kekse	3/3.2
der/die **Kellner/in**, die Kellner/innen	Start 3.1a
kenianisch	4/1.3a
die **Kichererbse**, die Kichererbsen	1/4.3a
der **Kilometer**, die Kilometer	Start 1
die **Kindererziehung**	2/3.1b
der **Klang**, die Klänge	1/4.3a
die **Klasse**, die Klassen	3/2.1b
kleben, er klebt, er hat geklebt	5/2.1a
der **Klick**, die Klicks	5/3.3a
klingen (nach etw.), es klingt, es hat geklungen	1/4.3a
die **Kneipe**, die Kneipen	6/4.5a
der **Knoblauch**	6/3.5b
koffeinfrei	3/3.3
komplex	1/0
der/die **König/in**, die Könige/Königinnen	1/3.2
der **Kontakt**, die Kontakte	1/2.1b
die **Kontaktbörse**, die Kontaktbörsen	6/4.5a
der **Kontinent**, die Kontinente	Start 1
der **Konzern**, die Konzerne	1/0
der/die **Kooperationspartner/in**, die Kooperationspartner/innen	1/0
der **Kopfhörer**, die Kopfhörer	4/0
kostenlos	2/3.1b
die **Kreditkarte**, die Kreditkarten	Start 3.3
die **Kreditkartennummer**, die Kreditkartennummern	5/3.1
die **Krise**, die Krisen	1/0
die **Küchenhilfe**, die Küchenhilfen	6/3.2a
der **Kuckuck**, die Kuckucks	5/5.3b
die **Kuh**, die Kühe	1/4.2
kümmern (sich um etw./jmdn.), er kümmert sich um etw., er hat sich um etw. gekümmert	4/3.3
die **Kurzmeldung**, die Kurzmeldungen	2/4.5b

L

der **Laden**, die Läden	5/3.1
der/die **Läufer/in**, die Läufer/innen	4/1.3a
lauten, es lautet, es hat gelautet	1/4.3a
der/die **Lebenspartner/in**, die Lebenspartner/innen	1/2.4
ledig	2/1.3
die **Lesung**, die Lesungen	6/0
letzter	2/1.1a
liken, er liket, er hat geliket	5/3.3a
die **Literatur**, die Literaturen	1/0
der **Löffel**, die Löffel	6/2.7
das **Logo**, die Logos	4/3.1
löschen (etw.), er löscht etw., er hat etw. gelöscht	5/4.3b
das **Lotto**	4/4.3a
lustig	1/4.3a

M

die **Mail**, die Mails	5/1.2
die **Mailbox**, die Mailboxen	5/4.3b
mailen, er mailt, er hat gemailt	5/3.3a
malen, er malt, er hat gemalt	4/3.2b
der **Marathon**, die Marathons	4/1.1
das **Marketing**	1/0
der/die **Marketing-Experte/Expertin**, die Marketing-Experten/Expertinnen	1/0
der **Maschinenbau**	1/2.1a
der **Maulwurf**, die Maulwürfe	3/4.3a
der **Mausklick**, die Mausklicks	6/4.5a
maximal	2/3.1b
die **Medienwelt**	4/2.1a
das **Mehl**, die Mehle	6/3.5a
die **Meise**, die Meisen	3/4.3a
meist	3/2.3
die **Menge (eine Menge Spaß haben)**, er hat eine Menge Spaß, er hatte eine Menge Spaß	6/0
der **Messeausweis**, die Messeausweise	3/1.1
das **Messer**, die Messer	6/2.7
das **Metall**, die Metalle	Start 1.1b
die **Miete**, die Mieten	Start 2.3b
die **Migration**	1/0
mindestens	4/3.3
der/die **Mitarbeiter/in**, die Mitarbeiter/innen	1/0
der/die **Mitbewohner/in**, die Mitbewohner/innen	Start 3.3
mitbringen, er bringt mit, er hat mitgebracht	2/2.9a
mitmachen, er macht mit, er hat mitgemacht	1/4.3
mitorganisieren, er organisiert mit, er hat mitorganisiert	6/3.1b
die **Mitteilung**, die Mitteilungen	5/2.4b
das **Mittelalter**	Start 1

Wörterliste

	mobil	1/0
	möglich	1/4.2
	Moin Moin	Start 3.3
der	**Motor**, die Motoren	Start 2.3b
das	**MP3**, die MP3s	5/0
der	**MP3-Player**, die MP3-Player	5/0
das	**Muss**	1/2

N

	nach Hause	4/2.5a
	nachmittags	Start 2.3a
die	**Nachricht**, die Nachrichten	3/3.1a
das	**Nachrichtenmagazin**, die Nachrichtenmagazine	1/0
	nämlich	1/4.2
der	**Neffe**, die Neffen	2/2.1b
	nennen, er nennt, er hat genannt	1/0
das	**Netz**, die Netze	5/3.1
der	**Neubau**, die Neubauten	3/4.1b
	neutral	Start 3.3
der	**Newsletter**, die Newsletter	1/3.1
die	**Nichte**, die Nichten	2/2.1b
	nichts	4/4.2
	niemand	4/3.3
das	**Notebook**, die Notebooks	5/0
der	**Notenständer**, die Notenständer	4/0
die	**Notiz**, die Notizen	3/2.7
die	**Nummer**, die Nummern	4/2.1a
die	**Nuss**, die Nüsse	6/3.5a
	nutzen, er nutzt, er hat genutzt	5/2.4a
	nützlich	1/4

O

	ob	3/4.3a
	österreichisch	6/2.6
der	**Oldtimer**, die Oldtimer	2/1.2a
die	**Oma**, die Omas	2/1.1a
der	**Onkel**, die Onkel	2/2.3
das	**Online-Einkaufen**	5/3.2
der	**Opa**, die Opas	2/1.1a
die	**Ordnung**	2/3.1b
die	**Organisation**, die Organisationen	6/3.1b
	orientalisch	

P

	paar (ein paar)	1/0
der/die	**Partner/in**, die Partner/innen	2/1.3
das	**Partnerprofil**, die Partnerprofile	6/4.6a
die	**Partnersuche**, die Partnersuchen	6/4.5a
	passend	5/3.1
das	**Passwort**, die Passwörter	5/2.3
	peinlich	4/4.1b
	per	5/3.3a
das	**Pilates**	4/2.1a
der	**Pinsel**, die Pinsel	4/0
	planmäßig	3/2.1b
die	**Planung**, die Planungen	6/3.1b
die	**Platzkarte**, die Platzkarten	3/2.7
das	**Plus**	1/2
die	**Politik**	4/2.3
	populär	1/2.1a
das	**Portemonnaie**, die Portemonnaies	3/0
die	**Portion**, die Portionen	1/4.2
der/die	**Portugiese/Portugiesin**, die Portugiesen/Portugiesinnen	1/3.2
das	**Portugiesisch**	Start 2.1d
	portugiesisch	6/2.6
die	**Post**	5/2.1a
	posten, er postet, er hat gepostet	5/3.3a
die	**Postkarte**, die Postkarten	3/1.1
das	**Praktikum**, die Praktika	1/0
	praktisch	5/3.2
der/die	**Präsident/in**, die Präsidenten/Präsidentinnen	1/3.3
der	**Preis**, die Preise	3/2.1 c
das	**Produkt**, die Produkte	6/3.1a
die	**Produktqualität**, die Produktqualitäten	6/3.1b
das	**Profil**, die Profile	6/4.6a
die	**Pusteblume**, die Pusteblumen	1/4.3a
	pusten, er pustet, er hat gepustet	1/4.3a
	putzen, er putzt, er hat geputzt	4/4.1a

Q

die	**Qualität**, die Qualitäten	6/3.1a
der	**Quatsch**	1/4.3a
die	**Querflöte**, die Querflöten	4/0
das	**Quiz**, die Quizze	Start 0

R

der	**Radsport**	4/3.3
	rascheln, es raschelt, es hat geraschelt	1/4.3a
	rasieren (sich), er rasiert sich, er hat sich rasiert	4/2.5a
	raten, er rät, er hat geraten	6/4.5a
das	**Rätsel**, die Rätsel	2/4.1a
	reagieren (auf etw.), er reagiert auf etw., er hat auf etw. reagiert	2/4.2a
	realistisch	6/4.5a
	recherchieren, er recherchiert, er hat recherchiert	3/2.1c
	reden, er redet, er hat geredet	4/4.2

Wörterliste

	regelmäßig	4/2.1a
der	**Regenschirm**, die Regenschirme	3/0
die	**Reise**, die Reisen	3/2.4
das	**Reiseangebot**, die Reiseangebote	5/3.1
der	**Reiseführer**, die Reiseführer	3/0
	reisen, er reist, er ist gereist	1/0
der	**Reisepass**, die Reisepässe	3/0
	reiten, er reitet, er ist geritten	4/1.1
das	**Reitturnier**, die Reitturniere	4/3.3
die	**Reklamation**, die Reklamationen	5/5.3
	reklamieren, er reklamiert, er hat reklamiert	5/5.3b
der	**Rekord**, die Rekorde	1/4
	renovieren, er renoviert, er hat renoviert	4/3.1
die	**Reservierung**, die Reservierungen	3/2.3
die	**Restaurant-Kette**, die Restaurant-Ketten	6/3.1b
der/die	**Restaurantkritiker/in**, die Restaurantkritiker/innen	6/3.3a
der/die	**Restaurantmanager/in**, die Restaurantmanager/innen	6/3.2b
die	**Rhabarbermarmelade**, die Rhabarbermarmeladen	1/4.3a
der	**Rückflug**, die Rückflüge	3/2.2a

S

die	**Schallplatte**, die Schallplatten	5/0
der	**Schatz**, die Schätze (*hier*: Kosename)	5/2.4b
	schauen (aus dem Fenster), ich schaue aus dem Fenster, ich habe aus dem Fenster geschaut	3/4.2
	schenken, er schenkt, er hat geschenkt	2/2.10
	schicken, er schickt, er hat geschickt	5/2.4a
das	**Schiff**, die Schiffe	1/3.2
	schminken (sich), sie schminkt sich, sie hat sich geschminkt	4/2.5a
der	**Schneeschuh**, die Schneeschuhe	6/2.6
	schnell	1/0
die	**Schokoladenstatistik**, die Schokoladenstatistiken	6/2.6
der	**Schwager**, die Schwager	2/1.1a
	schwedisch	6/2.6
der/die	**Schweizer/in**, die Schweizer/innen	4/1.3a
die	**Schwiegereltern** (Pl.)	2/2.1a
die	**Schwiegermutter**, die Schwiegermütter	2/2.1a
der	**Schwiegersohn**, die Schwiegersöhne	2/2.2
die	**Schwiegertochter**, die Schwiegertöchter	2/2.3
	schwierig	3/4.3a
das	**Schwimmbad**, die Schwimmbäder	4/2.1a
	segeln, er segelt, er ist gesegelt	1/3.2
die	**Seite**, die Seiten	1/4.3a
	selbst	2/3.1b
	selten	3/1.4
das	**Semester**, die Semester	1/1.1b
die	**Serviceleistung**, die Serviceleistungen	5/2.4a
	servieren, er serviert, er hat serviert	1/4.2
der	**Shrimp**, die Shrimps	6/2.6
	sicher	4/1.3a
der	**Sieg**, die Siege	4/1.3a
der/die	**Sieger/in**, die Sieger/innen	4/1.3a
	singen, er singt, er hat gesungen	2/3.1b
die	**Situation**, die Situationen	Start 3.1
der	**Sitz**, die Sitze	Start 3.3
der/die	**Skifreund/in**, die Skifreunde/Skifreundinnen	6/2.6
der	**Skihelm**, die Skihelme	4/0
das	**Skype**	5/3.3a
	skypen, er skypt, er hat geskypt	5/3.3a
das	**Smartphone**, die Smartphones	3/1.1
die	**SMS**	5/2.4a
die	**Social Media Plattform**, die Social Media Plattformen	5/0
	sofort	3/3.3
	sogar	2/3.1b
	sollen, er soll, er sollte	3/3.1a
	sondern	Start 1
die	**Sonnenbrille**, die Sonnenbrillen	3/1.1
	sonstige	2/3.1b
die	**Sorge (sich Sorgen machen)**, er macht sich Sorgen, er hat sich Sorgen gemacht	2/4.1a
die	**Soße**, die Soßen	6/3.5b
	sozial	4/2.1a
der/die	**Spanier/in**, die Spanier/innen	1/0
	spanisch	1/0
	sparen, er spart, er hat gespart	4/2.1a
das	**Speed-Dating**, die Speed-Datings	6/4.6a
	speichern (etw.), er speichert etw., er hat etw. gespeichert	5/4.3b
	spezialisieren (sich), er spezialisiert sich, er hat sich spezialisiert	6/3.1b
die	**Spezialität**, die Spezialitäten	6/3.5b
das	**Spiel**, die Spiele	4/4.1a

Wörterliste

der	**Spieleabend**, die Spieleabende	6/0
die	**Spinne**, die Spinnen	4/4.3a
der/die	**Sponsor/Sponsorin**, die Sponsoren/Sponsorinnen	Start 3.3
	spülen, er spült, er hat gespült	2/3.1b
	staatlich	1/0
der	**Stadtteil**, die Stadtteile	Start 1.1b
der	**Stadtplan**, die Stadtpläne	3/1.1
der	**Stammtisch**, die Stammtische	6/0
der	**Standard**, die Standards	6/3.1a
	ständig	4/4.2
	statt	6/2.4a
der	**Stau**, die Staus	Start 2.2c
	staubsaugen, er staubsaugt, er hat gestaubsaugt	2/3.1b
das	**Steak**, die Steaks	1/4.2
	stecken, er steckt, er hat gesteckt	5/2.1a
der	**Stein**, die Steine	Start 1
die	**Stelle**, die Stellen	5/3.1
die	**Sternschnuppe**, die Sternschnuppen	1/4.3a
die	**Stiftung**, die Stiftungen	4/2.1a
	stolz	2/1.1a
die	**Strecke**, die Strecken	4/1.3a
	stressig	4/2.1a
die	**Studie**, die Studien	4/2.1a
	surfen, er surft, er ist gesurft	4/2.7
das	**Sushi**, die Sushi	6/3.5b
	sympathisch	6/4.5a
die	**Systemgastronomie**, die Systemgastronomien	6/3.1a

T

das	**Tablet**, die Tablets	3/1.1
	tabu	6/4.5a
die	**Tante**, die Tanten	2/2.1b
das	**Taschengeld**	2/3.1b
die	**Tasse**, die Tassen	3/3.3
die	**Taucherbrille**, die Taucherbrillen	4/0
	taufen, er wird getauft, er ist getauft worden	2/0
der	**Teil**, die Teile	3/4.3a
	teilnehmen (an etw.), er nimmt an etw. teil, er hat an etw. teilgenommen	4/2.1a
das	**Telefonat**, die Telefonate	5/0
die	**Telefonnummer**, die Telefonnummern	5/2.3
der	**Tennisschläger**, die Tennisschläger	4/0
	testen (etw.), er testet etw., er hat etw. getestet	6/3.3a
die	**Theaterkasse**, die Theaterkassen	6/0

der/die	**Tierarzt/Tierärztin**, die Tierärzte/Tierärztinnen	5/5.3b
das	**Tischtennis**	4/3.3
der	**Titel**, die Titel	1/0
das	**Toastbrot**, die Toastbrote	6/3.5b
die	**Tomatensuppe**, die Tomatensuppen	6/2.5
der/die	**Traumprinz/essin**, die Traumprinzen/Traumprinzessinnen	6/4.5a
	traurig	4/4.2
	tschechisch	6/2.6
	tun (etw.), er tut etw., er hat etw. getan	1/2.2a
	türkisch	6/3.5a
das	**Turnier**, die Turniere	4/3.3

U

	übernehmen, er übernimmt, er hat übernommen	2/3.1b
die	**Umgangssprache**, die Umgangssprachen	1/3.2
der	**Umschlag**, die Umschläge	5/2.1a
	umsteigen, er steigt um, er ist umgestiegen	3/2.1b
die	**Umsteigezeit**, die Umsteigezeiten	3/2.1b
	umtauschen (etw.), er tauscht etw. um, er hat etw. umgetauscht	5/5.3b
	umziehen (sich), er zieht sich um, er hat sich umgezogen	4/2.5a
	unangenehm	5/2.1a
die	**Unfallversicherung**, die Unfallversicherungen	2/3.1b
der/die	**Ungar/in**, die Ungarn/Ungarinnen	1/0
	ungesund	4/2.7
	unglaublich	5/5.3b
	unheimlich	1/4.3a
	unterhalten (sich), sie unterhalten sich, sie haben sich unterhalten	4/2.1a
die	**Unterkunft**, die Unterkünfte	2/3.1b

V

	verbessern, er verbessert, er hat verbessert	4/1.3a
die	**Verbindung**, die Verbindungen	3/2.1b
	verbringen, er verbringt, er hat verbracht	4/3.3
der	**Verein**, die Vereine	4/3.1
das	**Vergessen**	5/2.1a
der	**Verkehr**	5/2.4a

Wörterliste

das **Verkehrsmittel**, die Verkehrsmittel		3/1.2
verlassen, er verlässt, er hat verlassen		1/0
Vermischtes		5/5.5
vermissen, er vermisst, er hat vermisst		2/4.1a
die **Vermittlung**, die Vermittlungen		2/3.1b
verpassen, er verpasst, er hat verpasst		Start 2.2a
die **Verpflegung**		2/3.1b
verreisen, er verreist, er ist verreist		3/4.3a
verrückt		1/4.3a
verschenken, er verschenkt, er hat verschenkt		5/5.5
verschicken, er verschickt, er hat verschickt		5/2.4a
verschlafen, er verschläft, er hat verschlafen		Start 2.3b
verwitwet		2/1.3
verzichten, er verzichtet, er hat verzichtet		3/4.3a
die **Videokamera**, die Videokameras		5/3.1
vielleicht		Start 2.3a
die **Visitenkarte**, die Visitenkarten		3/1.1
die **Volkshochschule (VHS)**, die Volkshochschulen		1/0
völlig		Start 2.2a
vor allem		1/0
vorbeifahren (an etw.), ich fahre an etw. vorbei, ich bin an etw. vorbeigefahren		3/4.2
vorbeilaufen (an etw.), er läuft an etw. vorbei, er ist an etw. vorbeigelaufen		5/2.1b
vorhaben (etw.), er hat etwas vor, er hatte etwas vor		3/4.4
vorher		6/2.4a
die **Vorliebe**, die Vorlieben		6/4.5c
vorstellen (sich etw.), er stellt sich etw. vor, er hat sich etw. vorgestellt		4/4.1b
vorstellen, er stellt vor, er hat vorgestellt		4/2.1a
der **Vorteil**, die Vorteile		1/3.3

W

wandern, er wandert, er ist gewandert		4/1.1
warum		1/2.5
wechseln, er wechselt, er hat gewechselt		6/4.6a
die **Weckfunktion**, die Weckfunktionen		5/2.4a
weg (sein), er ist weg, er war weg		2/4.1a
wegen		Start 2.3a
weil		1/0
weise		3/4.3a
weitergehen, es geht weiter, es ist weitergegangen		2/4.4a
weiterleiten (etw.), er leitet etw. weiter, er hat etw. weitergeleitet		5/4.3b
weiterlernen, er lernt weiter, er hat weitergelernt		1/0
der/die **Weltmeister/in**, die Weltmeister/innen		Start 3.3
der **Welt-Rekord**, die Weltrekorde		1/4.2
die **Weltsprache**, die Weltsprachen		1/4
werden, er wird, er wurde		5/2.4a
wertvoll		5/5.5
der **Wettbewerb**, die Wettbewerbe		1/4.3
wiegen, er wiegt, er hat gewogen		1/4.2
das **Wiener Schnitzel**		6/2.4a
wieso		4/4.1b
der **Winter**, die Winter		1/0
wohin		6/0
wohlfühlen (sich), er fühlt sich wohl, er hat sich wohlgefühlt		2/3.1b
die **Wohnungsanzeige**, die Wohnungsanzeigen		Start 2.3b
die **Wohnungsbesichtigung**, die Wohnungsbesichtigungen		Start 2.3b
womit		2/4.2a
wovon		4/4.2
das **Wunder**, die Wunder (hier: kein Wunder!)		6/4.5a
der **Wunsch**, die Wünsche		1/4.3a
die **Wurstplatte**, die Wurstplatten		6/2.5
wütend		4/4.1a

Z

die **Zahnbürste**, die Zahnbürsten		3/0
die **Zeitung**, die Zeitungen		5/0
ziehen (zu jmdm.), er zieht zu ihr, er ist zu ihr gezogen		1/0
zugleich		1/4.3a
die **Zukunftsfragen** (Pl.)		4/2.1
zurück		3/2.1b
zurückgehen, er geht zurück, er ist zurückgegangen		1/0
zurückkommen, er kommt zurück, er ist zurückgekommen		2/4.1a
zusammenpassen, sie passen zusammen, sie haben zusammengepasst		2/3.1b
der **Zwilling**, die Zwillinge		2/0

Allgemeiner Hinweis zu den in diesem Lehrwerk abgebildeten Personen:
Soweit in diesem Buch Personen fotografisch abgebildet sind und ihnen von der Redaktion Namen, Berufe, Dialoge und ähnliches zugeordnet oder diese Personen in bestimmte Kontexte eingebunden werden, sind diese Zuordnungen und Darstellungen fiktiv und dienen ausschließlich der Veranschaulichung und dem besseren Verständnis des Buchinhalts.

Bildquellenverzeichnis

Cover panthermedia, texas13 – **S. 4** *StartA2* Fotolia, Markus Mainka; *E1* VISUM Foto GmbH, Carsten Koall; *E2* Vario Images, foto-begsteiger; *E3* Fotolia, barneyboogles; *E4 links* iStockphoto, Christopher Futcher; *rechts* Shutterstock, Gualtiero Boffi; *E5* Shutterstock, Rido; *E6* Mauritius images, Bridge – **S. 5** *StartA2* Cornelsen Schulverlage, Wilhelmi; *E1* Cornelsen Schulverlage, Gwenael Robic; *E2* Fotolia, Tyler Olson; *E3* iStockphoto, Claudiad; *E4* Shutterstock, Galyna Andrushko; *E5* Fotolia, nenetus; *E6* picture-alliance/dpa – **S. 6** *E7* Shutterstock, ArTono; *E8* Shutterstock, Ferenc Szelepcsenyi; *E9* Shutterstock, anyaivanova; *E10* Fotolia, flucas, *E11* Gerrit Hahn; *E12* Fotolia, SunnyS – **S. 7** *E7* Fotolia, Mapics; *E8* Fotolia, Ralf Maats; *E9* Fotolia, Kzenon; *E10* Fotolia, drubig-photo; *E1* Mauritius images/United Archives; *E12* Fotolia, PHB.cz – **S. 8** *oben rechts* Shutterstock, SergiyN; *Mitte* Fotolia, Markus Mainka – **S. 9** *oben* Shutterstock, fotostory; *Mitte links* Shutterstock, StevanZZ; *Mitte rechts* Shutterstock, twonandonebuilding, *Mitte* shutterstock, Nacroba; *unten* Fotolia, Alexander – **S. 10** *Mitte* Cornelsen Schulverlage, Wilhelmi – **S. 11** *oben links* Shutterstock, Felix Mizioznikov; *11 oben rechts* Shutterstock, milaphotos – **S. 12** *oben rechts* Shutterstock, Monkey Business Images; *unten links* iStockphoto, Skynesher – **S. 13** *von oben nach unten*, 1: Fotolia, Marcel Schauer; 2. Shutterstock, Katatonia82; 3. Fotolia, goshiva; 4. doc-stock GmbH; 5. Shutterstock, Anibal Trejo; 6. iStockphoto, PeJo29; 7. iStockphoto, nullplus; 8. Shutterstock, 360b; 9. Fotolia, white; 10. Shutterstock, Gerardo Burgos Galindo – **S. 14** *oben* VISUM Foto GmbH, Carsten Koall/Spiegel 09/2013; *Fußleiste v.l.n.r.* Fotolia, Torsten Gudescheit; Goethe Institut; Fotolia, JiSign; Digitalstock, M. Berg – **S. 15** *oben* Cornelsen Schulverlage, Gwenael Robic; *Mitte rechts* Cornelsen Verlag, Hermann Funk; *Mitte links* Shutterstock, Pressmaster; *Fußleiste v.l.n.r.* 2 Fotolia, Heike Jestram; 3 Fotolia, Gina Sanders; 4. Digitalstock, M. Berg – **S. 16** *links* Fotolia, Thepoeticimage; *Mitte* Fotolia, Carson Liu ; *rechts* iStockphoto, Subman – **S. 18** *oben links* Cornelsen Schulverlage, Hermann Funk *oben 2. von links* Fotolia, WoGi; *oben 3. von links* iStockphoto, Nikada; *oben 4. von links* Fotolia, Maksi; *oben rechts* Fotolia, Hans-Jürgen Krahl; *Mitte* akg-images/British Library – **S. 20** *oben links* Cornelsen Schulverlage, Hermann Funk; *oben rechts* Deutsche Bahn, Uwe Miethe; *unten linke Spalte* Shutterstock, rvlsoft; *unten mittlere Spalte oben* Shutterstock, Kesu; *unten mittlere Spalte unten*, Shutterstock, Melica; *unten rechte Spalte oben* Shutterstock, qvist; *unten rechte Spalte unten* Fotolia, Denis Pepin – **S. 21** Fotolia, Robert Neumann – **S. 22** *oben links* Fotolia, Gina Sanders ; *oben 2. v.l.* Fotolia, Peshkova; *oben 3. v.l.* Fotolia, Robert Kneschke; *oben rechts* Fotolia, Contrastwerkstatt – **S. 23** picture-alliance/dpa, Schlosser – **S. 24** picture-alliance/picturedesk.com, Deak Marcus E. – **S. 27** *Strauß* Shutterstock, Aaron Amat ; *Gepard* Shutterstock, Photobar; *Wanderfalke* Shutterstock, Marc Bridger; *Walhai* Shutterstock, SeanPavonePhoto; *Blauwal* Shutterstock, rm; *Giraffe* Shutterstock, Joel Shawn – **S. 28** *oben rechts* 1. Shutterstock, rvlsoft; 2. Shutterstock, Kesu; 3. Fotolia, Denis Pepin; *unten* 1. Fotolia, Alena Ozerova; 2. Fotolia, artburger; 3. Fotolia, lovelymama; 4. Fotolia, StefanieB.; 6. Fotolia, @nt; 7. Fotolia, PhotoSG – **S. 30** *oben* Vario Images, foto-begsteiger; *Fußleiste v.l.n.r.* doc-stock GmbH; Fotolia, Tomy; Fotolia, Jandrie Lombard; Fotolia, Anyka – **S. 31** *oben links & rechts* Cornelsen Schulverlage, Hermann Funk; *Fußleiste v.l.n.r.* Fotolia, Cora Müller; Shutterstock, MNStudio; Fotolia, AK-DigiArt; Fotolia, contrast-werkstatt – **S. 33** *oben* iStockphoto, Yuri Arcurs; *unten* Fotolia, Peter Atkins – **S. 34** 1. Fotolia, goodluz; 2. Fotolia, Kzenon; 3. Fotolia, Kitty – **S. 35** Fotolia, Tyler Olson – **S. 36** Fotolia, Africa studio – **S. 37** *Mitte* Imago, Rainer Unkel; *unten* Corbis GmbH, Wavebreak Media – **S. 39** *oben links* Shutterstock, aastock; *oben rechts* Shutterstock, Andreas Saldavs; *Mitte v.l.n.r.* Shutterstock, Lisa F. Young; Shutterstock, Paul Vasarhelyi; Shutterstock, Monkey Business Images; Shutterstock, Lucian Coman; *unten links* Fotolia, Andy Dean; *unten rechts* Fotolia, Oleksii Sergieiev – **S. 40** Shutterstock, Vitalinka – **S. 42** *Schlüssel* Shutterstock, Mega Pixel; *Baby* Fotolia, StefanieB.; *Schuhe* Fotolia, Gabriela; *Ringe* Fotolia, grafikplusfoto – **S. 43** *links* Shutterstock, Shestakoff; *Mitte* Corbis GmbH, Ocean; *rechts* Shutterstock, Goodluz – **S. 44** *oben* Fotolia, Nadine Haase; *unten* Fotolia, belahoche – **S. 46** *links* Shutterstock, monticello; *Mitte* Shutterstock, Yuriy Rudyy; *rechts* Cornelsen Schulverlage, Maria Funk; *Fußleiste v.l.n.r.* Fotolia, jogyx; Fotolia, nikkytok; Fotolia, gena96; Shutterstock; Maksym Gorpenyuk – **S. 47** *oben* Cornelsen Schulverlage, Maria Funk; *unten rechts* Fotolia, barneyboogles; *Fußleiste v.l.n.r.* Shutterstock, Africa studio; Fotolia, Peter Atkins; Shutterstock, Yaping; Fotolia, cristovao31 – **S. 48** *unten rechts* Shutterstock, Goodluz – **S. 49** *oben rechts* Berlin Linien Bus GmbH; *Mitte* Fotolia, Petair – **S. 50** Fotolia, Osterwelle – **S. 52** picture-alliance dpa-Zentralbild, Peer Grimm – **S. 53** *oben links* Shutterstock, Goodluz; *oben rechts* iStockphoto, michaeljung; *unten links* Fotolia, Pavel Losevsky; *unten rechts* iStockphoto, Claudiad – **S. 54** *oben* Shutterstock, Kasza; *Mitte* Shutterstock, Oliver Hoffmann; *unten* Fotolia, Paulista – **S. 56** Deutsche Bahn – **S. 57** Shutterstock, salva29 – **S. 58** Fotolia, Petra Beerhalter – **S. 59** *links* Fotolia, DOC RABE Media; *rechts* Fotolia, Kartouchken – **S. 60** *oben*, Cornelsen Schulverlage, Katrin Kaup; *unten* Shutterstock, Sergey Krasnoshchokov – **S. 62** *oben links* Fotolia, Picture-Factory; *oben Mitte* Fotolia, goodluz – **S. 63** *unten links* Cornelsen Schulverlage, Thomas Schulz – **S. 64** *oben* Fotolia, Willee Cole; *unten* Shutterstock, Inara Prusakova – **S. 66** ZDF Enterprises/contunico – **S. 67** *oben* ZDF Enteprises/contunico; *unten* Shutterstock, Twin Design – **S. 68** *oben* Shutterstock, jorisvo; *Mitte* akg-images, Lessing; *unten links* Europäische Kommission, Generaldirektion für Bildung und Kultur; *unten rechts* Cornelsen Schulverlage, Homberg – **S. 69** *oben* Erasmus+/Europäische Kommission, Generaldirektion für Bildung und Kultur – **S. 70** 1. iStockphoto, vm; 2. Shutterstock, CandyBox Images; 3. Shutterstock, pirita; *unten links* Shutterstock, Gualtiero Boffi; *unten Mitte* Shutterstock, Elwynn; *unten rechts* Cornelsen Schulverlage, Christina Kuhn; *Fußleiste v.l.n.r.* Fotolia, WavebreakMediaMicro; iStockphoto, Stephane106; Fotolia, emeraldphoto; iStockphoto, Domin_Domin; iStockphoto, Spotlida – **S. 71** 4. Shutterstock, Ferenc Szelepcsenyi; 5. Cornelsen Schulverlage, Christina Kuhn; 6. Shutterstock, Galyna Andrushko, 7. iStockphoto, CEFutcher; 8. iStockphoto, Kasza; *Fußleiste v.l.n.r.* Fotolia, Oliver Hoffmann; iStockphoto, Paulista; Shutterstock, happydancing; iStockphoto, slava296;

iStockphoto, Petra Beerhalter – **S. 74** *oben v.l.n.r.* BBV Köln; Kölner Karnevals-Verein „UNGER UNS" von 1948 e.V.; Agility Team Cologne e.V.; Fotowerkstatt Köln, Steven Mahner; *Mitte links* Fotolia, Jürgen Feldhaus; *Mitte rechts* Shutterstock, Pecold – **S. 75** *oben* Shutterstock, Wizdata – **S. 76** *unten* iStockphoto, Matt_Brown – **S. 77** *unten* Ullstein, Eckel – **S. 78** *oben 1* Shutterstock, holbox; *oben 2* Shutterstock, Mikadun; *oben 3* Shutterstock, Phil Date; *unten 1* iStockphoto, Christopher Futcher; *unten 2* iStockphoto, Christopher Futcher; *unten 3* Shutterstock, Galina Andrushko – **S. 82** *Mitte* Volkstanzfreunde Köln e.V. – **S. 84** *a* Fotolia, Laurin Rinder; *b* Shutterstock, cristovao; *c* Fotolia, ArTo; Shutterstock, Mehmet Dilsiz; *unten* Fotolia, Uschi Hering – **S. 86** *oben links* Shutterstock, Rido; *oben rechts* Shutterstock, Levent Konuk; *Mitte links* Shutterstock, Alex Dvihally; *Mitte 2. v. links* Fotolia, Marco2811; *Mitte 2. v. rechts* Shutterstock, hobbit; *Mitte rechts* Shutterstock, Luiz Rocha; *Fußleiste v.l.n.r.* Shutterstock, Slaven; Fotolia, creative soul; Fotolia, eteimaging; Fotolia, Peter Atkins – **S. 87** *oben links* Shutterstock, terekhov igor; *oben Mitte* Shutterstock, 300dpi; *oben rechts* Fotolia, thefarmer; *Mitte links* Shutterstock, 300dpi; *Mitte rechts* Fotolia, nenetus; *unten Tablet* Shutterstock, cobalt88; *unten Laptop* Fotolia, sukiyaki; *unten Facebook* Shutter-stock, Quka; *unten Youtube* Shutterstock, Gil C; *unten Skype* Shutterstock, Twin Design; *unten Twitter* Shutterstock, Quka; *Fußleiste v.l.n.r.* Fotolia, K. - P. Adler; Fotolia, lassedesignen; Fotolia, LoloStock; Shutterstock, Muellek Josef – **S. 88** *Mitte links* Fotolia, nyul – **S. 89** *oben links*, Statista – **S. 90** *oben* Star Finanz Oktober 2012; *unten* Cornelsen Verlag, Thomas Schulz – **S. 91** *oben rechts* Cornelsen Verlag, Thomas Schulz – **S. 94** *oben links* Shutterstock, Christopher Futcher; *oben Mitte* Fotolia, Sandor Kacso; *oben rechts* Shutterstock, Laurin Rinder; *a* Shutterstock, sizov; *b* Interfoto, ArTo; *c* Interfoto, TV-Yesterday; *d* picture alliance, Uschi Hering; *e* Shutterstock, Istvan Csak; *f* Interfoto – **S. 99** picture alliance, lbn/Jens Kalaene – **S. 100** *1* Fotolia, Dreadlock; *2* Fotolia, fergregory; *3* Shutterstock, QiLux; *4* Shutter stock, Alexander Demyanenko; *5* Shutterstock, MikhailSh – **S. 102** *oben links* Shutterstock, Evgeniya Uvarova; *1* Fotolia, saschi79; *2* Fotolia, Svenja98; *3* Mauritius images; *4* Look, look-foto; *5* Fotolia, Maud Talêque; *6* Corbis GmbH, Matthias Ritzmann; *Fußleiste v.l.n.r.* Imago, imago; Fotolia, Dan Race; Fotolia, Luis Louro; Fotolia, Jürgen Fälchle – **S. 103** *7* Mauritius images, Bridge; *8* Mauritius images, ès collection; *Mitte links* Fotolia, ChantalS; *Mitte rechts* Shutterstock, PT Images; *Fußleiste v.l.n.r.* Fotolia, Deklofenak; Fotolia, FikMik; picture alliance, Robert B. Fishman; Fotolia, KB3 – **S. 105** *a* Shutterstock, Karl Allgaeuer; *b* Shutterstock, Anna Lurye; *c* Fotolia, ExQuisine; *d* Fotolia, Darius Dzinnik; *e* Fotolia, 21051968; *f* Shutterstock, Serhiy Shullye; *g* Fotolia, by-studio – **S. 106** Fotolia, contrastwerkstatt – **S. 107** *rechts unten* Fotolia, Karramba Production – **S. 108** *a* Corbis GmbH, H Armstrong Roberts; *b* Mauritius images, Alamy; *c* Shutterstock, Julie Keen; *d* akg-images, Istvan Csak – **S. 109** *unten* picture-alliance/dpa, TV-Yesterday – **S. 110** *a* Shutterstock, StockLite; *b* Shutterstock, Mihai Blanaru; *c* Shutterstock, StockLite; *d* F1 online – **S. 111** Shutterstock, telesniuk – **S. 112** *1* Clip Dealer, CandyBox Images 2012; *2* Shutterstock, Lucky Business; *3* Shutterstock, Andrey Bayda; *4* Fotolia, Kzenon; *5* Shutterstock, ER_09; *6* Shutterstock, Bochkarev Photography; *7* Shutterstock, Karl Allgaeuer; *8* Shutterstock, ppi09 – **S. 114** Shutterstock, Goodluz – **S. 115** *1* Shutterstock, erwinova; *2* Shutterstock, Silberkorn; *3* Shutterstock, Subbotina Anna; *4* Shutterstock, Julenochek – **S. 118** Fotolia, goodluz – **S. 119** Cornelsen Schulverlage – **S. 120** *oben Mitte* Shutterstock, Kamira; *oben rechts* Shutterstock, Patrizia Tilly – **S. 122** *oben links* Anikakodydkova; *oben Mitte* Fotolia, Tyler Olson; *oben rechts* Fotolia, Markus Bormann; *unten Mitte* Glow Images/ImagebrokerRF; *unten rechts* Fotolia, Tyler Olson – **S. 123** ZDF Enterprises/contunico – **S. 124** *oben* Fotolia, blackfoto; *Mitte* Fotolia, Nele; *unten* Fotolia, Abe Mossop – **S. 125** *oben links* Shutterstock, Valerii Ivashchenko; *oben rechts* Fotolia, Reimer – Pixelvario; *Mitte* Fotolia, catolla; *unten rechts* Fotolia, Franco

Textquellen:

S. 21 Hueber Verlag 2005, aus: „Das schönste deutsche Wort" hrsg. v. Jutta Limbach – **S. 52** Erb, Elke „Bewegung und Stillstand" aus: „Vexierbild", Aufbau-Verlag Berlin, Weimar 1983 – **S. 53** *oben* Maar, Paul „Schwierige Entscheidung" aus: „Dann wird es wohl das Nashorn sein", Beltz & Gelberg, Weinheim, Basel 1988; *Mitte* Joachim Ringelnatz „Die Ameisen" aus: „Sämtliche Gedichte", Diogenes 2005 – **S. 121** Thomas Brasch, „Ich habe keine Zeitung gelesen" aus: „Der schöne 27. September", Suhrkamp Verlag 1980 – **S. 125** *oben* Róza Domascyna, aus „Das Meer Die Insel Das Schiff" Sorbische Dichtung hrsg. von Kito Lorenc, Verlag das Wunderhorn 2004, *Mitte* Verlag Klaus Wagenbach, Berlin 1977, Erich Fried „Herbstmorgen in Holland" aus: „Die bunten Getüme"; *unten* Hanser Verlag 1963, Günter Kunert „Lass uns reisen" aus: „Erinnerungen an einen Planeten"

Notizen

Notizen

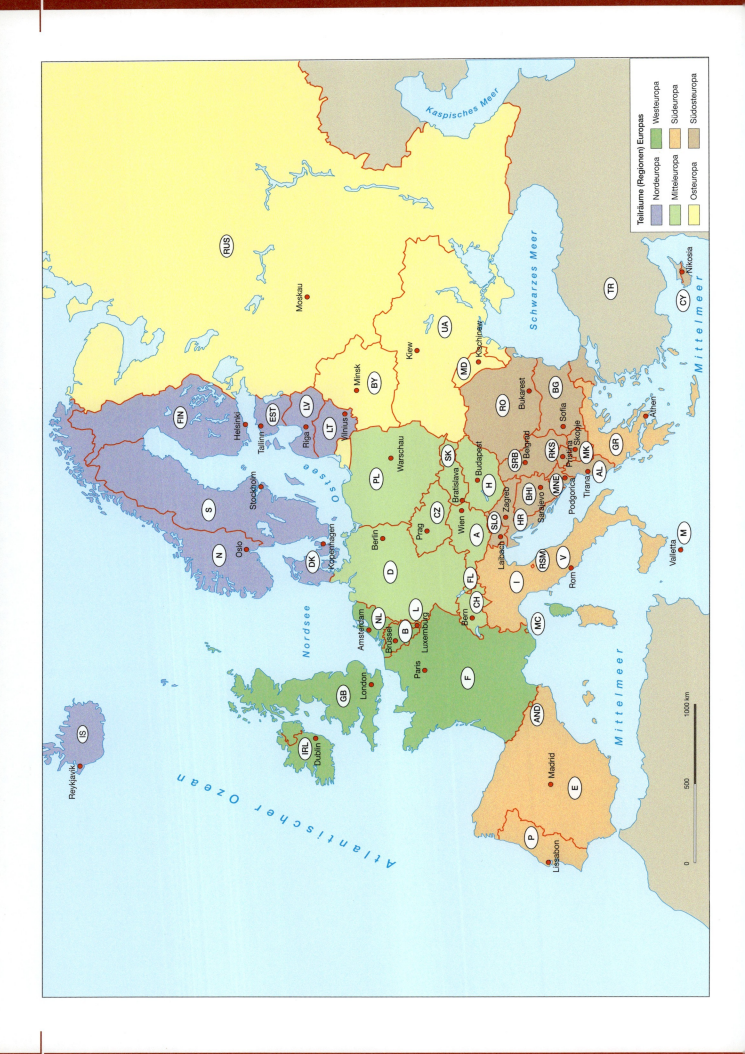